ワクワク住まいのヒミツを大解剖！

20人の建築家がつくる最高の住宅

編著：ザ・ハウス

ワクワク住まいのヒミツを
大解剖！

20人の建築家がつくる最高の住宅

編著：ザ・ハウス

CONTENTS

PART 1 「眺め」でワクワク

PART 2 「趣味空間」でワクワク

PART 3 「間取り」でワクワク

PART 4 「デザイン」でワクワク

n°01 - n°03

PART 1
「眺め」でワクワク

高台から見下ろす壮観な景色、心を和ませてくれる家の中のグリーンetc.……。
心地よい眺めは、暮らしの中に別世界をつくってくれます。

▲円柱のエントランスが目を引く個性的な外観。傾斜地でもあるので、2階が玄関となっている。高台に建つため視界を遮るものがなく開放感を思いのままに。
▶2階ダイニングからもパノラマの景色を楽しめる。右手のデッキはダイニングとリビングを挟む位置に設置。どちらからも出入りできる。

撮影／松村芳治

エントランスからの期待感、眼下に広がる壮観な街並み、室内の開放感に、心躍る家

窓の外には大阪の街並みが広がり、
さらにはその先の海まで見渡すことができるTさんの家。
その景色は、食事をしているときも、入浴中のときにも、
家族で談笑しながらも……、いつもTさん家族のそばにあります。

Tさんの家　兵庫県
設計／大江一夫

n°01

期待の始まりはエントランスから

T邸の外観を印象付けるシルバーの大きな丸い筒。それがこの家のエントランスです。玄関ドアを開けたその瞬間から、「何が始まるのだろう」という期待感に心躍らされます。「四角い家より曲線のある家を」とのTさんの要望から建築家の大江さんが考え出したのは、このような丸い形のエントランスでした。これは建物と敷地をつなぐブリッジとしての役割も担っています。

訪れた人がまず最初に感嘆の声を上げるのが、筒のガラスの先に見える壮観な景色。天気のいい日は海の向こうの山並みまで見えるそう。

しかし、T邸においての仕掛けは、実はまだ始まったばかり。エントランスを左に入るとスキップしてつながるリビングとダイニング・キッチンが目の前に広がり、ガラス越しの緑とともに一層の開放感を感じさせてくれます。それはまるでトンネルを抜け出たような感覚なのです。

エントランスからLDKに入るとこのような景色に。室内ののびやかさと外への視線の抜けで開放感いっぱい。スキップフロアで５層に分かれた室内はガラス等でゆるく仕切っているため、家全体の見通しもよく、また家族の気配もよくわかる。

◀ 1階の寝室と和室には、東側の山の借景を取り込んだ。さらに敷地内には竹を植えて、和の趣を強調。寝室と和室は、引き戸で仕切ることも可能。 ▼ リビングの上部に段差違いで設けたスタディコーナー。天井高さは2mとこじんまりしたスペースだが、ここから外の景色も見渡せる。

違った眺望を階ごとに楽しむ

3階建ての建物は、敷地が傾斜地であるため前述のエントランスのある階を2階とし、スキップでつなげた5つのフロアから構成されています。

2階に位置するLDKと書斎は視線の抜ける開放感にあふれた空間ですが、それに対し1階は、和室と寝室を配した落ち着いた雰囲気に。東側の山の緑を借景として取り込む工夫で、プライベートスペースにふさわしい静謐な空気が流れています。

そして、ご夫妻こだわりのバスルームがある3階はというと、ここはさらなるダイナミックな眺望を得、街並みも山の木々もどちらも堪能できる場所となりました。街の灯が幻想的な、夜の入浴も心身を癒してくれるものですが、遠くに見える海と青空を眺めての日中の入浴もまた格別です。

場所によって違った空気や景色を味わえるという、なんとも贅沢で魅力のたくさん詰まった住宅ができ上がりました。

Wakuwaku Point

円柱のエントランスに引き寄せられ、中に入れば、奥のガラス越しに見える景色に引き寄せられていく。エントランスは鉄骨の骨組みをそのまま生かした、非日常的な空間。右の棚は靴箱で、浮かせて設置。

POINT 1
エントランスに
そして景色に
引き寄せられ

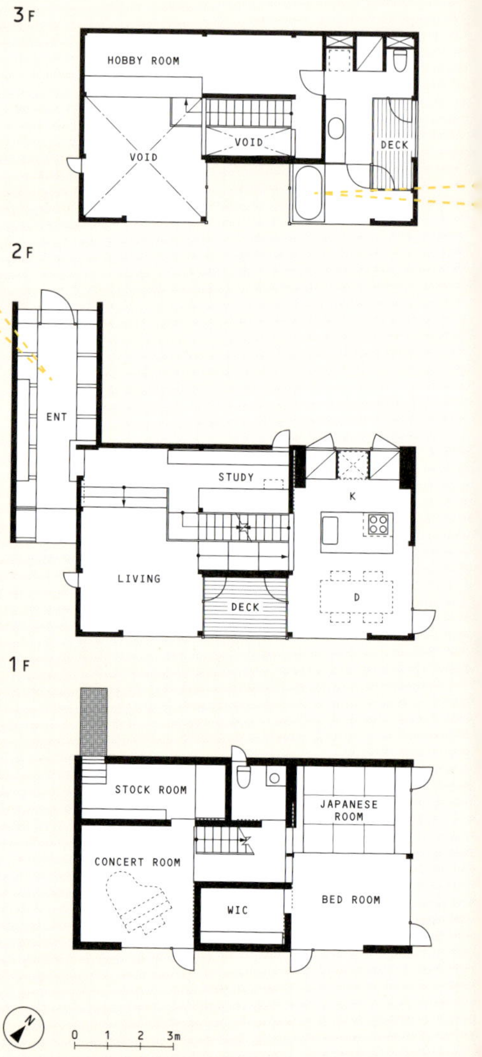

アプローチからエントランスへ。玄関ドアを開ける手前で、扉の脇のガラス部分からチラリと奥の景色がのぞくのもワクワクさせる。

POINT 2
疲れた心身を癒すに最高のロケーション

3階の浴室は、デッキと洗面室とが一体になった広々空間。湯船に浸かると、眼下に大阪から神戸までの夜景が広がる。夏には花火観賞も。白で統一したことで、外の景色を一層引き立たせる。

建築家からひと言

建物と敷地をつなぐブリッジとなるエントランスはループ状で、直径2.6ｍの円が眼下に広がる大阪湾に向かって、連続的に軌跡を描いていくような空間としています。またこの建物では生活空間は5つのレベルからなり、3次元的にひとつの空間に共有されます。それぞれのレベルから多様な景色が眺められ、多様な生活が繰り広げられ、それらが多層的な空間を生成していくのです。

大江一夫
Kazuo Oe

マニエラ建築設計事務所

1948年兵庫県生まれ。1980年にマニエラ建築設計事務所を設立。日本建築家協会近畿支部住宅部会顧問。大阪府建築士会住宅を設計する仲間達委員長。震災建築物応急危険度判定士。趣味はヨット、水墨画。

DATA Tさんの家　n°01

家族構成	夫婦＋子供1人
敷地面積	232.81㎡
延床面積	157.85㎡
構　　造	鉄骨造
設計期間	2004年4月～9月
施工期間	2004年10月～2005年5月
共同設計	大江泰輔
施工会社	(株)笠谷工務店

南西の斜面に広がる眺望を存分に生かして、心豊かに暮らす家

「夕日もきれいですが、朝日に照らされた家々もまたいいんですよ」
目の前に広がる眺望は、時間ごと、季節ごとに
素晴らしい景色を見せてくれます。

Mさんの家　神奈川県
設計／松本直子

n°02

撮影／小川重雄

手前にリビング、一段下りたその先にダイニングを設け、同じフロアにありながらその居心地に違いを出した。

アリゾナ州のシンボルツリーであるグリーンツリーの色を外壁に採用した。手前の木々とも調和している。

扇状に開いていく開放感

「わが家は崖の上にあり、外観の形や色に特徴があるので、散歩の途中などに子供と一緒に上を見上げて家を探すのが楽しいんですよ」とMさん。

結婚後、社宅にお住まいだったご夫妻は、会社規定の5年後に社宅を出る必要があったため、以前からの夢だったマイホーム建築の計画をスタートします。

そして探し出したのが眺望に恵まれた高台の土地でした。その眺望を気に入って購入を決めたものの、敷地は旗竿状でかつ変形、そして急斜面もあるという厳しい条件。さらに南西以外はすべて隣家が迫っているという問題点もありました。

そこで考えられたのが、玄関から奥の斜面に向かって扇形に広がる形状のプランです。北と東側には極力開口を設けないことで隣家が視界に入らないようにし、斜面側の南西には大開口とテラスを設けました。結果、豊かな緑と眺望だけを享受できる家となったのです。

◀ 玄関からLD ～デッキへと視線が抜ける。遠く見える緑が奥行きを感じさせてくれる。 ▼ LD内に設けられたスタディコーナー。吹き抜けから光が注ぐため明るさも十分。

空間に変化をもたらす工夫を

「要望としては、眺めを生かすことを第一に、そして室内は全体的に一体感を持たせつつ、いろいろな“場”をつくりたいと思っていました。様々な広さ、天井や床の高低差、明暗などで、メリハリをつけることを望んだのです」とMさん夫妻は話します。

1階のLDKはほぼワンルームでありながら、家具でゆるやかに仕切り、床に段差をつけたことなどにより、見える景色もそれぞれの“場”の雰囲気も変わります。

そして、Mさんと建築家の松本さんが、声をそろえて心地いい場所として挙げるのがブルーのタイルを貼った浴室です。「海の中にいるような雰囲気」とMさんがいう一方、「星空を眺めながら海に浮かんでいるような気分になれるのでは？」と松本さん。

家を思いどおりに手に入れたMさん家族は、夕日や月、街の明かり、四季の移ろいなどがつねにそばにある、そんな心豊かな生活を送っています。

▶ くの字形のデッキにより一方向だけでなく多方向に渡って景色を堪能できる。開口部は一部細いスチールを使って窓を支えるなど、見晴らしを妨げないように配慮した。▼ ワンルームでありながら家具で適度に仕切り、開放的なダイニングとこもり感のあるリビングを両立させた。段差により、キッチンに立つ人とリビングにいる人の目線が合うようになっている。

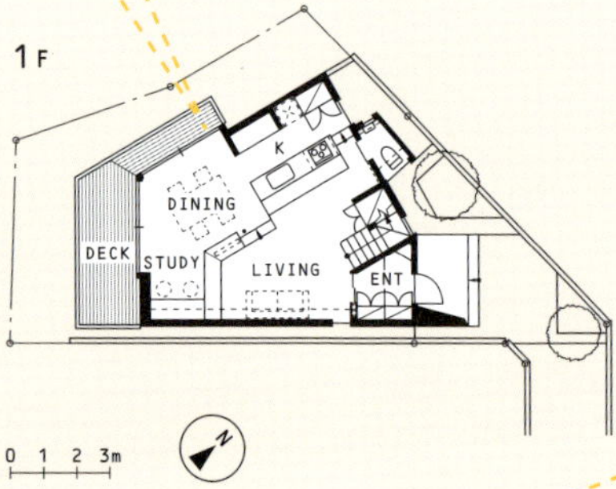

POINT 1
様々な窓から
夕日や月の
美しさを感じて

▲ 眺望を最大限取り入れられるように、普通のサッシより見付け面が細く、できるだけ開放できるものを組み合わせた。「南西に向かった大開口からは、西に沈む夕日がきれいに見えます。また朝は朝日に照らされた家々もいいんですよ」とご夫妻。

◀ スタディコーナー上部のフィックス窓からの眺めも格別。天窓や高窓等の様々な窓から、風景や月を眺めるのを楽しんでいるとのこと。

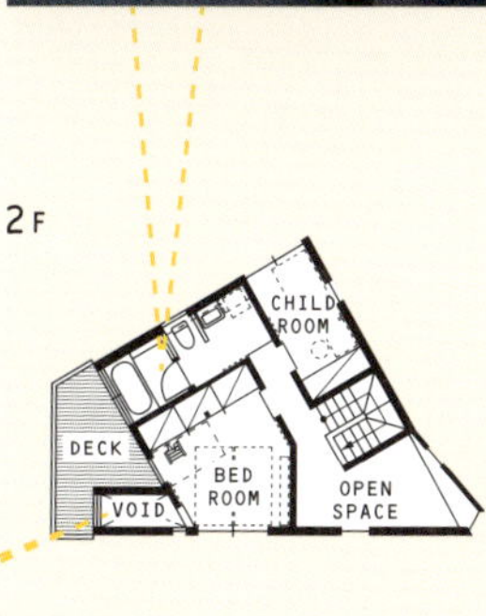

▲青いタイルの浴室は、海の中にいるような深いやすらぎを与えてくれる。「大窓から見える夜景も最高です」とご主人。
▶白と青の内装で、スッキリとした洗面・浴室は木質感のある他室とはガラリと印象を変えて。

POINT 2
海の中にいるような気分を味わえる浴室

建築家からひと言

この敷地の特徴である眺望に対して、段差や階段などがあることで見えてくる風景が様々変化します。また施工的には難しくなりましたが、鈍角に開いた開口部が空間の奥行き感を出しつつ視線が縦横無尽にのびるので、限られた空間でも広く見える効果が出ています。自然を享受できる豊かさ、機能面での楽しさ……、家族にとって飽きずに長く付き合える器になってくれると思います。

松本直子
Naoko Matsumoto
松本直子建築設計事務所

1969年東京都生まれ。日本女子大学住居学科卒。川口通正建築研究所を経て、1997年に松本直子建築設計事務所を設立。趣味は旅行、テニス。

n°02

DATA Mさんの家

家族構成	夫婦＋子供2人
敷地面積	137.17㎡
延床面積	89.33㎡
構　　造	木造
設計期間	2007年10月～2009年1月
施工期間	2009年2月～8月
施工会社	江中建設(株)

外のような空間を家の中に。大らかに伸びるグァバの木を日々眺め、なごむ家

天井に向かって真っすぐに伸びるグァバの木は、
そこにあるだけで、Oさん夫妻にやすらぎと元気を与えてくれます。
やさしさに満ちた空間が広がるO邸です。

間口の狭い敷地に建つ家の表情は、小さくてかわいらしい。漆喰のマットでフラットな質感が温かみを感じさせる。

Oさんの家　東京都
設計／彦根アンドレア

nº03

東南側に細長く設けられた庭は、大きな開口部によって家のどこにいても眺められる。窓枠の色、ラブラドールブルーが印象的。

天窓からの自然光は、ホタテ貝殻を原料としたチャフウォール塗装の壁をやさしく照らし、空間全体を明るくする。

家のどこからも眺められる細長い庭

O邸が建つのは、3方を建物に囲まれた南北に伸びる細長い敷地。

このような形状の敷地の場合、手前に庭を設けることが多いのですが、建築家のアンドレア彦根さんはあえてそうはせずに、細長い建物に沿うように東南側に庭を設けました。庭も当然細長くなりますが、庭に向かって開口部を大きく取ったため、いつでも、家のどこにいても庭を眺めて過ごすことができるようになりました。

「南房総の祖父母のお宅からいただいた樹木を移植したいということで庭を要望されました。建物は北東側に行くほど狭まる形なので、パース効果でかえって庭自体を広く感じさせています」とアンドレアさん。

「できるだけ開放的な空間をつくりたいと思っていました。東南側の大きな開口や天窓など、一日中いろんな角度から日が入るようになり、室内はとても明るく快適です」（Oさん夫妻）

撮影／ナカサアンドパートナーズ　※彦根建築設計事務所

室内は一体となったワンルーム空間。キッチン・ダイニングから半階上がったところにリビングを、下がったところに仕事部屋を配置。家の中央にあるグァバの木がまるで家族を見守っているかのよう。

「家の中に外のような空間を」という要望から、半地下に大きなプランターを設け、グリーンをコーディネート。基礎と一体化させ、きちんと排水を計画することで手入れも簡単に。

家の中心にインナーガーデンを

室内は、南道路よりも北側が1ｍほど高くなっている高低差を生かしてスキップフロアの構成とし、半地下の仕事部屋、ダイニング、リビングをつなげています。３層は吹き抜けを介して一体化され、Ｏさんの望む“開放的な空間”をつくり出しました。その立体的なつくりは天井の傾斜、天井高や目線の違いなどによって変化するため、その場所ごとに様々な心地よさを与えてくれます。

そして、Ｏさん夫妻の生活に彩りと楽しみを添えてくれるのが、家のほぼ中央にあるインナーガーデン。基礎コンクリートと一体化させたプランターにグァバの木を植え、その成長を日々眺めて暮らしているといいます。

プランターのある半地下から吹き抜けを抜け、天窓に向かってまっすぐに伸びるグァバの木は、今やご夫妻にやすらぎと活力を与えてくれる大切な存在になっています。

吹き抜けのある開放的なダイニングに対し、天井高を抑えた中２階のリビングは落ち着いた空間。正面に見える白い引き戸を開放すれば、２階の個室ともつながりが生まれる。

Wakuwaku Point

▲▼ 基礎と一体化させたプランターをつくることにより、室内でも青々と元気に葉を茂らせるインナーガーデンを実現。明日はどのような変化があるのかと毎日をワクワクさせてくれる。

POINT 1
癒しと元気を
与えてくれる
インナーガーデン

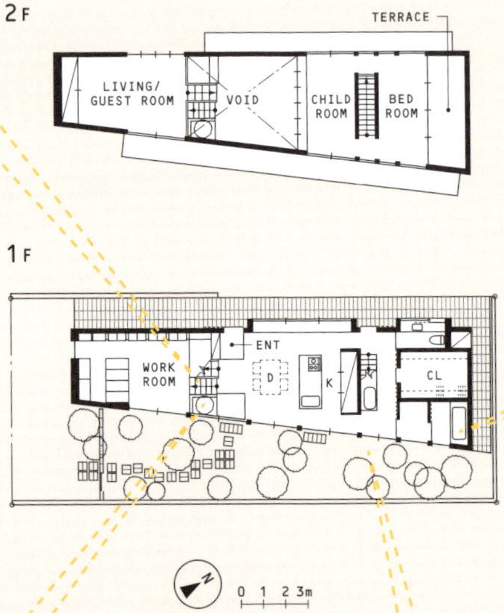

POINT 2
家のどこからも
眺められる
細長い庭

▼ 細長い敷地に、あえて細長い庭を設けて、庭を家のどこからでも眺められるようにプランニング。木々の変化や四季の移り変わりを、いつでも目にしていられる楽しみができた。

POINT 3
オリジナルの浴室と洗面コーナー

▲「素材の質感を大切にしました」とOさん。浴室もオリジナルにこだわり、壁と浴槽は研ぎ出し仕上げ、天井はレッドシダー板張りに。浴槽の角も丸めてやわらかい印象とした。▶階段と洗面台の調和を図った、美しいデザインの洗面コーナー。

建築家からひと言

敷地の段差を利用して、4層につながりをもたせたスキップフロア空間をプランニングしました。ワンルームの大きなエアーボリュームが夏は涼しさにつながり、冬は多くの窓から光が入って建物全体を温める効果があります。また、大きなプラントベッドのグリーン、光、回遊性のある動線、庭の植物の変化によって、いつも違った生活空間が楽しめるようになっています。

彦根アンドレア
Andrea Hikone

彦根建築設計事務所

1962年ドイツ出まれ。シュトゥットガルト工科大学首席終了。園・青島建築設計事務所、磯崎新アトリエを経て、1990年に彦根建築設計事務所を設立。趣味は読書、旅行、スキー、音楽。

n°03

DATA Oさんの家

家族構成	夫婦
敷地面積	198.37㎡
延床面積	125.48㎡
構　　造	木造一部 鉄筋コンクリート造
設計期間	2009年3月～2010年1月
施工期間	2010年2月～10月
施工会社	東海建設株式会社

n°04-n°07

PART 2
「趣味空間」でワクワク

ライフスタイルの中に組み込んだ趣味空間。
好きなことを満喫するための家とは、究極のワクワクを得られそうです。

DJブースを併設したLDKは、床、壁、天井すべてコンクリート打ち放しとし、緊張感ある空間をつくり出した。よって、木製のキッチン、DJブースがインテリアとしても引き立っている。

撮影／鳥村鋼一

いつでも自由に音楽が楽しめるDJブースのある家

音楽好きなご夫妻が、家づくりの際に
なによりも優先させたかったのがDJブース。
あるときはパーティー会場、あるときはライブハウスと
その機能を変化させます。

Fさんの家　静岡県
設計／仲亀清進

n°04

DJブースを日常に取り込む

玄関を入るとDJブースとミラーボールが出迎えてくれるFさんのお宅。

ともに音楽好きなご夫妻は、家を建てる際、自由に音楽が楽しめる空間がほしいという要望をなにより優先して建築家の仲亀さんに伝えました。

LDKに続くこの空間は、あるときはパーティー会場に、あるときはライブハウスへとその目的によって使い方を変化させます。

「私が力を入れたのはDJブースですが、とくに気を使ったのは機材やレコードの収納です。とかくゴチャゴチャしがちなので、使わないときにはインテリアとしてスマートに見えるよう心がけました」（ご主人）。

外観、内観ともにコンクリート打ち放しの仕上げとし、余分なものは極力加えず、ソリッドな空間を目指したのだといいます。

DJブースの背面の壁には、木製の棚を造り付けたことで、レコード類もスッキリ収納されました。

建物をL字型にし、中庭を設けたことにより家の中全体に光が行き渡る。キッチンからも正面にDJブースが見える。

コンクリートと木が醸し出す独特の雰囲気

コンクリート打ち放しの仕上げは空間に多少の緊張感を与えるものですが、F邸ではその中に木製のものを配することで、個性や温かみを加えました。木製の家具やサッシ、DJブース、そして、奥様のこだわりであるキッチンがその役割を果たします。

また、家の中から眺められる景色も家族の心を和ませるものに。周囲は隣家に囲まれているため、あえて建物全体をコンクリートの壁で囲み、中庭を設けることで外とのつながりを確保したのです。よって中庭は外部の視線を気にすることなく過ごせる、家族だけのプライベート空間となりました。「近隣の建物が見えないため、カーテンをつけず、開放感を感じて暮らしています。キッチンに立ながらも全体が見渡せるのでとても気持ちがいいですね」（奥様）

中庭のブランコやハンモックは、そこにあるだけで遊び心を刺激し、家族をつねに楽しい気分にさせてくれるそうです。

▲ 夜はミラーボールの光を、コンクリートの壁が鮮やかに映し出す。 ▼◀ ２階寝室。床はアンティーク調のフローリング張りでぬくもりをプラス。 ▼▶ 北側に配されたサニタリー。キッチンとも一直線につながるため、家事動線もラクに。

音楽とミラーボールの輝きはパーティー時の盛り上げに一役買う。「仕上げがコンクリート打ち放しで、かつスピーカーが吹き抜け正面にあるため、2階にいるとまるでクラブのラウンジのようなんですよ」

POINT 1
LDKがライブハウスに早変わり

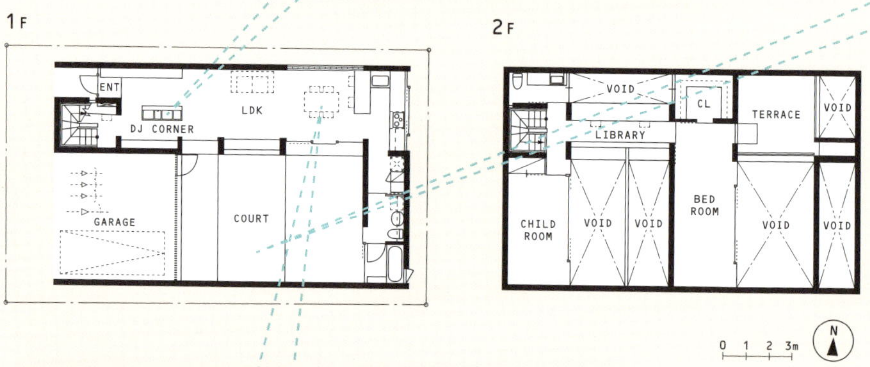

POINT 2
フロア全体が見渡せるキッチン

木製キッチンは奥様のこだわり。吊り戸棚を設けず、広いコの字型にしたことにより、キッチンに立ちながらフロア全体と中庭までもが見渡せる。トップライトの光がキッチンを明るく。

POINT 3
プライバシーを守ってくれる広い中庭

▲「中庭のブランコ、ハンモックはそこにあるだけで遊び心が湧き、楽しい気分になります」とFさん。中庭を外壁でぐるりと囲んだことでカーテンをつけずにすみ、室内も開放感を得ることができる。深夜、月灯りが中庭を通ってリビングに注ぐ様子が最も好きだとご主人はいう。 ▶西側から見た外観。中庭の先は浴室等の水まわりとなっており、居室内が直接見えないようプランニング。

建築家からひと言

敷地周辺は老朽化した住宅が近接するため、建物全体をコンクリートの壁で囲い込み、交通量の少ない前面道路側のみルーバーを通して外部の気配が感じ取れるようにしました。４つのコンクリートの箱（①LDK②寝室③子供部屋④脱衣浴室）を噛み合うように配置し、その隙間に開口部を挿入して、中庭を含めた各スペースをつなぐとともに４方からの豊かな光が室内に差し込みます。

仲亀清進
Kiyonobu Nakagame

仲亀清進建築事務所

1965年神奈川県生まれ。日本大学理工学部建築学科卒。近藤春司建築事務所を経て、1995年に仲亀清進建築事務所を設立。趣味は旅行、野球。

n°04

DATA Fさんの家

家族構成	夫婦＋子供１人
敷地面積	200.55㎡
延床面積	134.61㎡
構　　造	鉄筋コンクリート造
設計期間	2009年7月～2010年1月
施工期間	2010年1月～9月
施工会社	紅林建設(株)

◀ 南側の前面道路に向かって、光を取り込むよう大きな窓を設けた。それは重厚なスチールサッシと大型のフィックスタイプの窓の組み合わせで、建物のファサードとして強い印象を与えている。
▼ 二世帯で暮らすＳ邸では、お母様の部屋を生活のしやすい1階の玄関近くに設けた。安全性を考慮し、採光は正面のフロストのガラスブロックから、通風は右の小さな窓から取り入れる設計に。

大木の幹のような吹き抜けに寝室やロフトといった各部屋が枝葉のように広がる家

Ｓさんの家　東京都
設計／黒崎 敏

n°05

鰻の寝床状の狭小地に建つＳさんのお宅。
しかしながら、室内に入れば光が注ぎ、
縦に斜めに視線が抜けます。そして、その空間の
主役でもあるのがダイナミックな「趣味棚」です。

趣味や人生観を凝縮・反映した家に

Ｓ邸があるのは東京下町の「商業地域の狭小エリア」。商業施設が密集しており、敷地はいわゆる「鰻の寝床」状でした。築年数も経ち、そのうえ、昼間でもほとんど光が入らないという問題点もあったことから、ご主人は家族5人が暮らす家を建て替えることを決意します。

「敷地の広さは約13坪。おのずと縦方向に暮らす形は予想していましたが、建売住宅にありがちな単なる3階建てというのは興味がなく、この小さい土地だからこそ、趣味や人生観を凝縮・反映した家をつくりたいと思いました」（ご主人）。

イメージしていたのは、ニューヨークやロンドンなど、都市の洗練されたタウンハウス。映画で観て、また実際に旅行をし、憧れをもっていたのだといいます。

「単なるコピーではない、東京版のタウンハウスができるのではないか、という思いがありました」（ご主人）

撮影／西川公朗

２階のLDKは家族が集まる空間となっており、ここを軸にして各部屋がスキップフロアでつながっている。トップライトと南側の開口部から光がほどよく注ぎ、部屋の奥まで明るく照らす。

「海外の図書館やブックカフェのような大型ライブラリーをもつのが夢でした」とご主人。7mの吹き抜けを貫く趣味棚には、レコードやCD、DVD、写真集、雑貨等、お気に入りだけを飾っている。

▼LD側から北側のキッチン、その上の子供室方向を見る。それぞれのフロアがスキップし、それをつなぐブリッジが空間にリズムを生み出す。家全体がオープンなので、別々の場所にいても家族の気配が感じられる。

▲◀ 勾配屋根の窓より、空も望める主寝室。空間のアクセントにポータズペイントのブルーを壁に塗装。 ▶１階の浴室と洗面室は広さを感じられるよう、透明ガラスで仕切る。洗面室と浴室の一体感のあるデザインもポイント。

重厚感と軽快さが同居した室内

もともと住宅デザインに興味があったＳさん夫妻は、細かな仕様においてもひとつひとつ建築家の黒崎さんと詰めていきました。「タウンハウス」のイメージに近づけるべく選んだ建材は、スチールサッシ、鉄階段等、工業製品のニュアンスがある重厚な印象のもの。そこにガラスブロックや墨モルタルなどを組み合せて、軽快で都会的な雰囲気を醸し出しています。

また、この家を象徴するのが７ｍの吹き抜けを貫く趣味棚です。「ここには好きなレコードや雑貨を気分や季節によってレイアウトを変えて、喫茶店店主気取りでその風景を満喫しているんですよ」とご主人。

そして、家族を楽しませてくれるのが、あちこちにある「止まり木」のような居場所です。中央にある吹き抜けを大きな幹にして、リビング、子供室、ロフトといった部屋がスキップフロアでつながり、枝葉のように広がっています。

Wakuwaku Point

止まり木のようなスキップフロアで思い思いに過ごす家族。日の差し具合で変わる各々の居心地も飽きさせないものに。吹き抜けを貫く趣味棚はご主人の好きなものを凝縮させた場所で、気分や季節によってレイアウトを変えるのも楽しみだとか。

POINT 1
止まり木のような居場所

POINT 2
吹き抜けを大胆に貫く趣味棚

3F

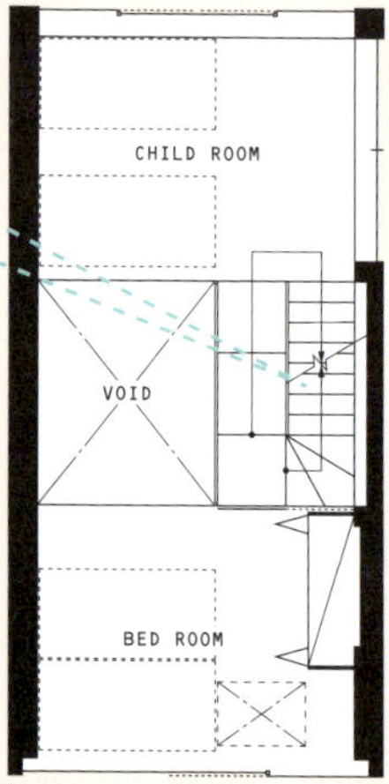

1F

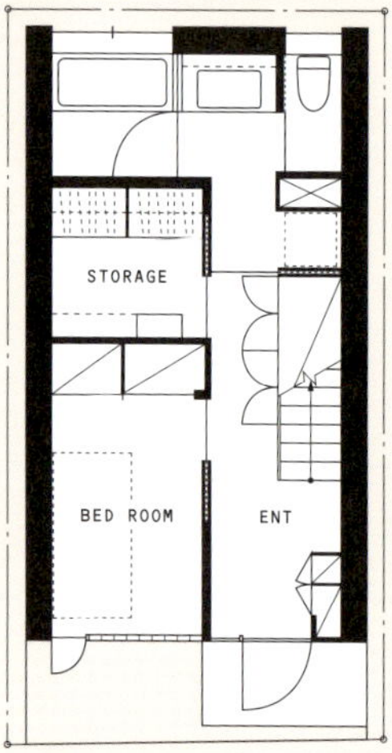

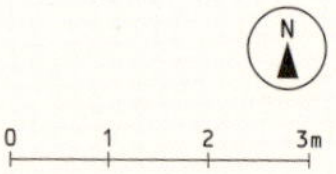

2F

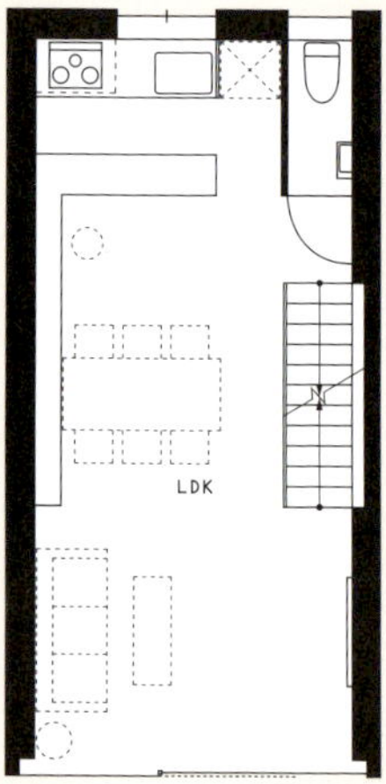

POINT 3
開放感を
満喫できる
屋上デッキ

POINT 4
こもり感が
心地いい
ロフト

▶ ロフトに隣接する屋上ウッドデッキは壁に囲まれているため、周囲の視線を気にせずに過ごすことができる。休日の午後ハンモックを吊って空を眺めたり、お風呂上がりに夕涼みをしたり、バーベキューをしたり……、開放感を存分に満喫。 ▼ ご主人の趣味空間を兼ねた屋根裏部屋（ロフト）は最上階にあり、まるで隠れ家のよう。デッキやトップライトから差し込むやわらかい光もリラックスさせてくれる。この場所から、こだわりの趣味棚を見下ろすのも圧巻。

LOFT

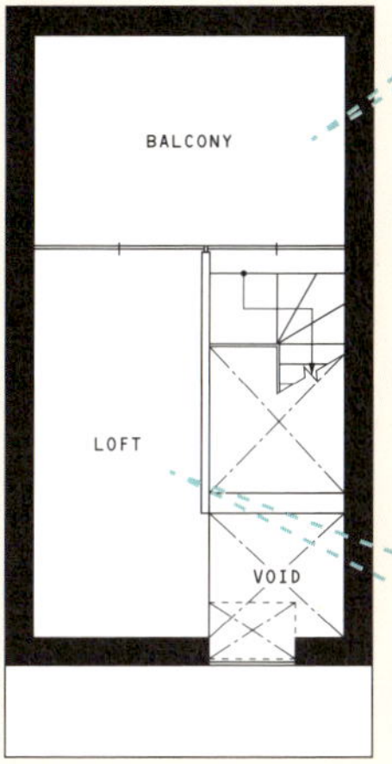

建築家から ひと言

各部屋がスキップしながらゆるやかにつながり、互いに呼応し合うことで、開放的かつ落ち着いた空間が生み出されました。さらに吹き抜けにより、見通せる大きな空間が確保されたことで、実際以上の広がりも感じられます。そこに配した壁面収納は建物のどこからも見える重要ポイント。「垂直に散歩する」とでもいえそうな空間は、都市住宅のひとつのスタイルといえるでしょう。

黒崎 敏
Satoshi Kurosaki
APOLLO一級建築士事務所

1970年石川県生まれ。明治大学理工学部建築学科卒。積水ハウス東京設計部、FORME一級建築士事務所を経て、2000年にAPOLLO一級建築士事務所を設立。その後、株式会社APOLLO一級建築士事務所に改組。日本大学理工学部非常勤講師。趣味は旅行、サッカー。

n°05

DATA Sさんの家

家族構成	夫婦＋子供2人＋母親
敷地面積	41.75㎡
延床面積	88.64㎡
構　　造	鉄骨造
設計期間	2008年11月～2009年3月
施工期間	2009年9月～2010年4月
施工会社	本間建設（株）

LD側からエントランス方向を見る。吹き抜けや南東に配されたエントランスからの光等で、閉鎖された空間でも、暗く、息苦しくならないよう配慮している。

撮影／平剛風アトリエ

家族とも友人とも ひとつの空間を共有する「ヤドカリ」のような家

こもれるような空間が妙に落ち着くSさんの家。
友人たちが集うことも度々あり、そんなときは土壁をスクリーンにして
ダイナミックな上映会が行なわれます。

Sさんの家　神奈川県
設計／伊原孝則

n°06

設計のコンセプトは“ヤドカリ”

夫婦2人が暮らすこの家は、賑やかな駅前から少し離れた、私道の奥まった場所にあります。防犯への対策と、そして周囲をマンション等の建物に囲まれている環境から、あえて外観をヤドカリのように殻で包む形にしました。

よって、S邸には“ヤドカリ”というニックネームがつけられていますが、設計当初からそのコンセプトをもって進められていったのだといいます。

実際、入口も東南方向の1ヵ所のみ。内部に大きな開口は設けられておらず、壁で居住空間がくるまれているそのさまは、まさにヤドカリそのものといえるでしょう。

こうして壁に包まれている空間が、とても心地いいのだと奥様。
「ダイニングの椅子に座って東南側を見れば、空が見えてとてもリラックスできます。反対に壁側に向かって座れば、根を詰めてきちんと仕事がしたいときや落ち着きたいときのベストポジションなんですよ」

大空間となる殻はツーバイ材と合板による木造ラーメン構法で実現。壁や天井の傾斜は、空間に広がりをもたせる効果がある。また閉じた空間は隙間から差し込む光を強調する。

土壁のスクリーンで上映会

内部は外側から見た印象とうって変わり、7mの吹き抜けのある大空間。仕切りを最小限に抑えた家は開放感に満ちています。「家族が家の中にいる気配を、肌で感じられるプランにこだわりました」（ご主人）。

また、ご夫妻の友人が集ってホームパーティーを催すことも多く、家族であっても、友人同士であってもひとつの空間を共有する形をご夫妻は望んだのだといいます。

家の中のプライベートな居室は寝室のみで、LDKと2階のライブラリーは吹き抜けでつながり、パーティー時には家全体が会場になるのだとか。また、その際に盛り上げてくれるのが、ダイニングの土壁をスクリーンにした映画鑑賞です。大空間でダイナミックな映像を楽しめるのはこの家ならではといえるでしょう。

壁、天井を少しずつ傾斜させていますが、これによって音響もよくなるとのこと。家で過ごす楽しみが数倍に広がりました。

調理に集中できるセミクローズド型キッチン。しかし、LDとも土間ともゆるやかにつながっているため、孤立感はない。浴室と一直線に配し、家事の効率化を図った。

“ヤドカリ”の入口でもあるエントランスを正面に見る。斜めの壁や変形した上部の窓のデザインがワクワク感を感じさせる。外と内とをつなぐ土間がちらりと見える。

▼濃紺のガルバリウムで全体をくるみながら、エントランスまわりはモルタルの塗りとし、手仕事の温かみを出した。ヤドカリのような外観の背中には太陽電池パネルが乗っている。

Wakuwaku Point

POINT 1
家全体がパーティー会場に！

友人たちが大勢集まった際は、家全体がパーティー会場になる。ダイニングの土壁に映像を映し、パーティーを盛り上げる演出も。2階のライブラリーも踊り場も階段も観客席になる。

POINT 2
点在する心地よい「居場所」

大空間を「部屋」で区切るのではなく、土間、LD、ライブラリー、寝室などの「居場所」で構成。こうして点在させることで、閉塞感を感じさせないことに成功した。

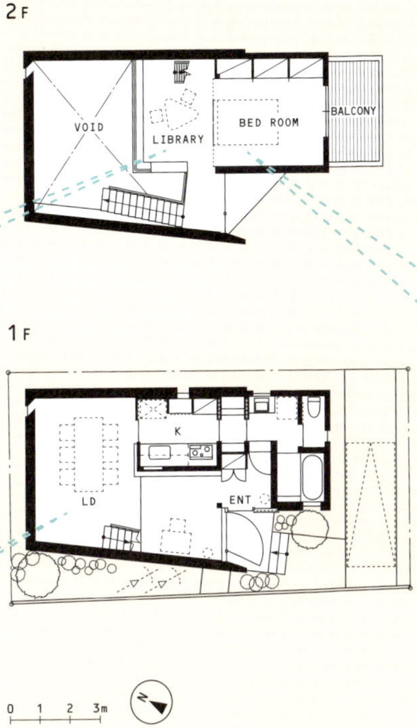

POINT 3
眺めが楽しい
屋上庭園と
キャットウォーク

この家で、唯一外に向かって開放しているのが屋上庭園だ。芝生に腰を下ろし、街並みを眺めてホッとひと息入れる(上)。寝室上のキャットウォークは、外の景色も眺められ、室内も見下ろせる不思議な場所(下)。

建築家から ひと言

外に対して開く方向がきわめて少ない土地だったので、居場所を縦方向に重なるらせん状に配置し、そして、南東方向にのみ開口を設けて、大きな殻で居住スペースが包まれているようなプランにしました。その大空間を「部屋」で区切るのではなく、居心地のよい「居場所」を点在させることで、逆に開放感すらある「こもれる」空間ができ上がりました。

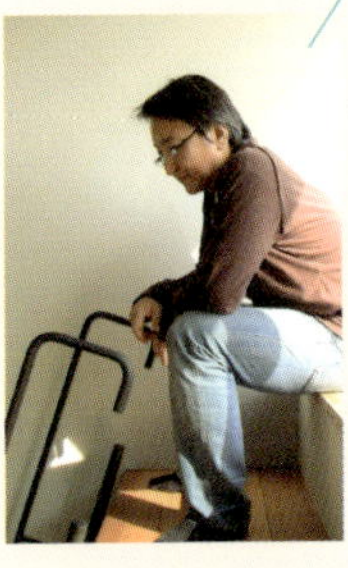

伊原孝則
Takanori Ihara
ファーイースト・デザイン・ラボ（FEDL）

岡部憲明アーキテクチャーネットワークを経て、IA+Dを設立。その後、flow一級建築士事務所に改称。2009年、ファーイースト・デザイン・ラボ(FEDL)に改称。趣味は読書、旅行、料理。

DATA Sさんの家

n°06

家族構成	夫婦
敷地面積	97.68㎡
延床面積	85.87㎡
構　　造	木造
設計期間	2009年11月～2010年5月
施工期間	2010年6月～11月
共同設計	村山一美
施工会社	沼田工業(株)
構造設計	(株)長坂設計工舎

n°07

内部は外の喧騒を遮断しつつ趣味のアウトドアを屋上で楽しむ家

見晴らしのいい屋上、広いLDK、大きなガレージ、賃貸スペース……と、
住宅密集地の厳しい条件の土地ながら
家族の夢をしっかりと形にした家です。

Mさんの家　東京都
設計／山嵜雅雄

ガラスブロックのやさしい光を室内へ

M邸が建つのは都心の住宅密集地。家族のライフスタイルの変化に伴っての建て替えとなりましたが、この地域は防火強化地域に指定され準耐火以上という制限があったため、構造をコンクリート造として建築計画はスタートしました。そして以前と同様、一部に賃貸スペースを設けることを前提に、その構成を、1階にエントランスと1戸の賃貸住宅、2階にLDK、3階に各自の個室を配することにしました。

設計上苦労したのは、近隣の建物が迫っていたため、周囲の環境を取り込めなかった点。Mさんからは「プライバシーを確保しながらも明るく、風通しがよい家に」「オープンな空間がほしい」といった要望が出されていましたので、建築家の山嵜さんがとったのが次の方法です。

「打ち放しのコンクリートとガラスブロックの壁面を設けて閉じた形とし、内部には風と光だけを取り入れるようにしました」

撮影／平井広行

2階LDK。上部は吹き抜けており、3階にいる家族の気配を感じられる。日当たりを考慮して東南部にデッキを設け、無機質にならないよう木のテイストのルーバーで囲んだ。

コンクリート造のため、柱のない大空間を実現。同空間にある畳スペースは、客間、くつろぎの間、仏間としての機能も果たす。2階は家族のコミュニケーションの場でもある。

家族だけのプライベート空間を満喫

　普段からとても仲のよいMさん家族は、ともにリビングで過ごす時間が長いとのこと。その時間を大切に、そして快適に過ごせるようにするため、山嵜さんはLDKを開放感が感じられる大空間とし、ひと続きの空間に床レベルの異なる畳スペースを配しました。同フロアの南に設けたバルコニーは木のルーバーで目隠しをし、風と光のみを室内に送り込みます。さらに、南北に設けた300mm角の大きなガラスブロックからも、やさしい光が差し込み、落ち着いた室内環境をつくり出しています。

　そして、Mさん家族の生活に欠かせないのが屋上の存在。

「季節のいいときは友人を招待してバーベキューパーティーをします。屋上菜園もつくり、バーベキューの際には収穫した野菜を焼いて食べることも。元々アウトドア好きなので、わが家がキャンプ場になった気分ですね（笑）」（ご主人）

▶３階は、吹き抜けを挟んで子供室と寝室を配置。写真右手に浴室がある。ガラスブロックから差し込む北からの光は、適度に家の中を明るく照らす。 ▼▶浴室はルーバーで囲まれたデッキ越しに空が眺められる。「昼間に青空を眺めながらブロアのバスタブに入るのは究極の癒しです」（ご主人）。 ▼トイレと一体化させた洗面室。収納をたっぷりとったゆとりのスペース。

Wakuwaku Point

モダンな外観のほぼ中央に大きなガレージをつくった。ここはご主人のお気に入りの場所。現在はガーデニングや木工の作業場となっており、男の隠れ家的な存在だ。

POINT 1
ガレージを建物の中央に組み込んで

2F

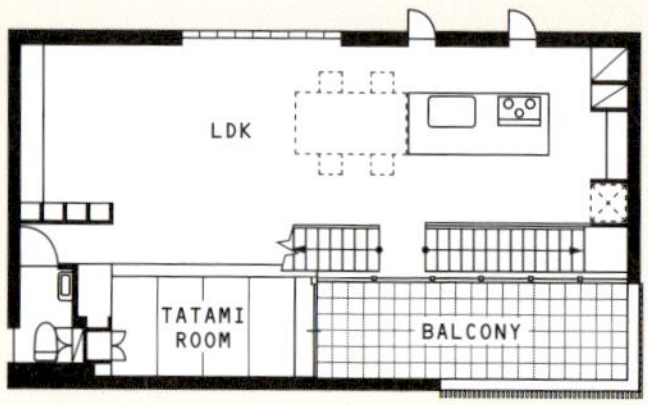

1F

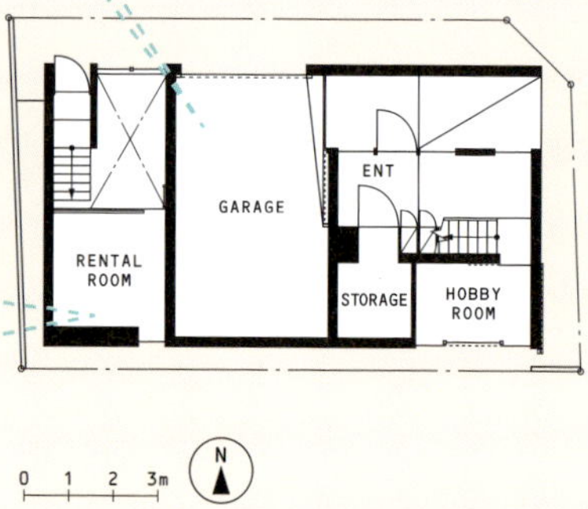

POINT 2
空間を有効に活用する賃貸併用

1階のロフト付き賃貸スペース。キッチン奥にはホテル形式のバス・洗面スペースがあり、比較的ゆったりとした水まわりとした。家賃収入の一部は毎月のローン返済として活用できる魅力も。

「羽田を離発着する飛行機、新幹線の光と音を楽しみながらビールを飲むのが楽しい」とご主人。アウトドアが趣味の家族は、休日にはバーベキュー、夏には花火観賞、さらに野菜づくりと、屋上を存分に活用し、楽しんでいる。

3F

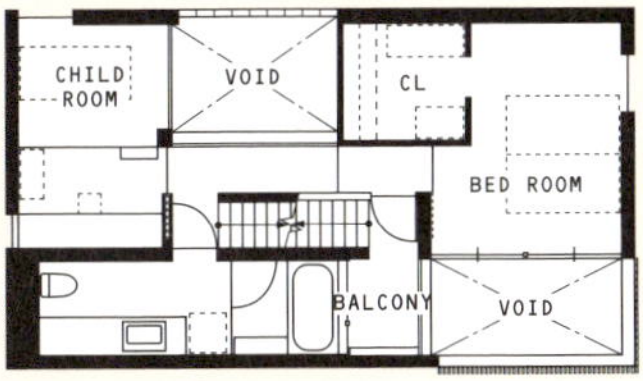

建築家からひと言

住宅が密集する地域のため、表の通り沿いは打ち放しのコンクリートと大きなガラスブロックの壁面を設けて閉じた形にし、外から取り込むのは風と太陽の光だけとしました。建物の裏に位置するバルコニーには木のルーバーを囲い、内部に曖昧に開けた空間を設けています。外観は堅固なイメージですが、構造耐力壁に包まれた中にインテリアが存在している建物としました。

山嵜雅雄
Masao Yamazaki
山嵜雅雄建築研究室

1960年東京都生まれ。1993年に山嵜雅雄建築研究室を設立。一級建築士。一級施工管理技師。インテリアプランナー。

nº07

DATA Mさんの家

家族構成	夫婦＋子供1人
敷地面積	97.03㎡
延床面積	177.73㎡
構　　造	鉄筋コンクリート造
設計期間	2005年3月～2006年4月
施工期間	2006年5月～11月
施工会社	(株)辰

n°08 - n°15

PART 3
「間取り」でワクワク

暮らしやすさと日々の楽しさは、間取りによってこんなにも
違ってくるものかと教えてくれる、８軒の住宅をご紹介します。

角地に建つが、周囲は住宅に囲まれているため、窓は最小限としている。角地正面は南側の子供室棟。

子供の創造力をかき立てるプラン

「僕らが子供の頃走り回った原っぱや田畑はデコボコだらけ。足を取られて転んではすり傷をつくっていた。子供たちの未来にもいろんなデコボコが待ち構えている、それをたくましく乗り越えてほしい」。

これはこの家を設計した高野さんの言葉です。この住まいにはそんな思いが込められているのだといいます。

設計途中に子供が産まれたＣさん夫妻は、小さな子供に配慮したプランであることも追加で高野さんにお願いしました。

「安全性を確保したうえ、家の中で段差を楽しめる空間があることも大切」と考える高野さんは、子供室のある棟にデコボコ階段を設けることに。この階段が４層のスキップフロアをゆるやかにつなげ、場所によって違った楽しみを与えてくれます。

上ったり下りたり、本を読んだり、宝物を隠したり……。子供の感性を刺激し、創造力をかき立てる場所となりました。

撮影／冨田　治　※遊空間設計室

家族が穏やかに過ごせる空間と子供の感性を刺激する空間が同居した家

設計途中で長男が生まれ、
1歳の誕生日に入居したというCさん家族。
これから成長していく子供への思いが
凝縮した家ができ上がりました。

Cさんの家　東京都
設計／高野保光

n°08

▲ダイニングテーブルと一体化した使いやすいキッチン。奥様はここに立てば、和室や中庭、子供室棟まで目を配ることができる。　▶ハイサイドライトと中庭から光が注ぐ明るいLDK。「ハイサイドライトからは、流れる雲や月も見えるんですよ」とご主人。

和室はCさんたっての要望。壁は和紙張り、襖はインドシルク張りの落ち着いた和室をLDKのそばに設けた。障子を閉めれば客間として使用可能。DK上部は小屋裏収納になっている。

南側の子供室棟からは、視線が縦横、斜めに抜けるのびやかな空間。左手中庭の向こうにLDK、階段を数段上げればルーフバルコニーがある。本棚は本以外にも、好きなおもちゃを飾る楽しみも。

暮らしの楽しみを広げる中庭

東南角地の敷地ですが、周囲を建物に囲まれているため、プライバシーに配慮しながらどう開放感や明るさを確保するか——。それがいちばんの課題だったといいます。

「東南側に駐車場や庭が配置されるものだと思っていたので、中庭を配したプランを見たときは正直驚きましたね」とご夫妻。

高野さんから提案されたプランは、南北に長い敷地を生かして子供室棟と家族室棟の2つの棟に分け、挟むように中庭を配するというものでした。

中庭はプライバシーを守りながら、光と風を家の中に招き入れてくれるだけでなく、バルコニーで野菜を育てたり、休日の朝パジャマのまま過ごしたりと、生活にゆとりと楽しみを与えてくれました。

「リビングの吹き抜けの窓からは昼間は雲の流れが、夜は月が見えます。月が見えると子供が喜ぶんですよ。明かりの取り方や視線のゆく先を考えたつくりなど、暮らしてからも実に多くの発見があり、想像以上に楽しい家になりました」（ご夫妻）

POINT 1
南の棟は
変化に満ちた
子供スペース

子供室のある南棟は、デコボコ階段が4層のスキップフロアをつなげている。階段自体も上り下りが楽しいデザインに。ひとつのフロアだけでなく、上下に広がる空間が子供の創造力をかき立ててくれそう。

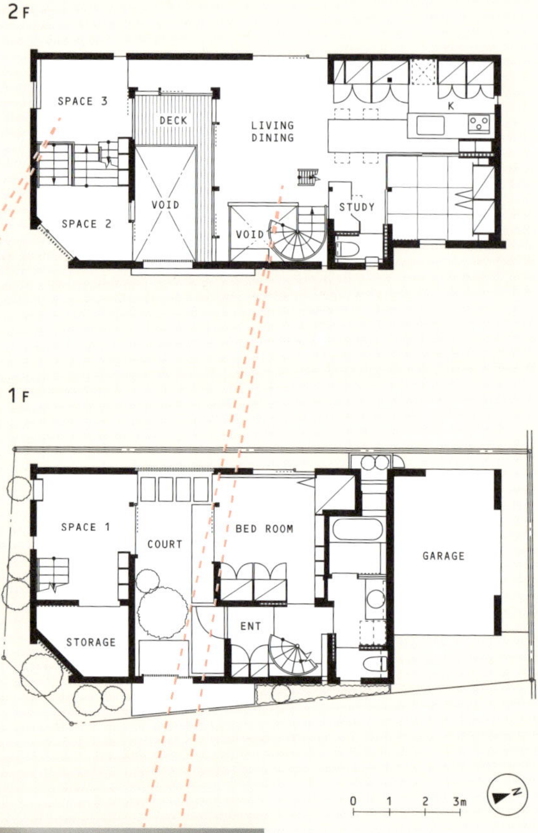

POINT 2
思い思いに
過ごす
家族の居場所

中庭を挟んだ北側の家族棟は、和室も隣接するLDKが中心。中庭のシャラを眺めながら、家族が好きな場所で思い思いに過ごすことができる。適度な光と風を感じる穏やかな空間となっている。

POINT 3
プライバシーが
守られた
中庭のデッキ

◀ 風と光が室内に行き渡るのはこの中庭があってこそ。プライバシーが守られた外部空間は、パジャマのまま外に出て開放感を味わうことができる。 ▲ ロフトから出入りできる物見台は、都庁や東京タワーが眺められ、夏には花火大会も楽しめる。子供の頃、屋根に上った記憶がよみがえってくる場所。

LOFT

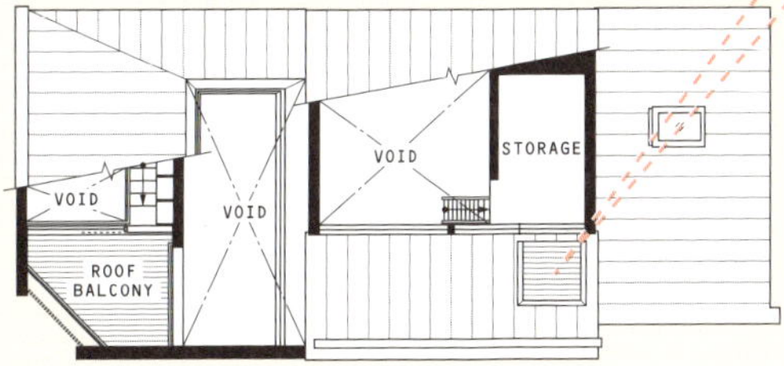

POINT 4
夏には花火も
見える
物見台

建築家からひと言

南側の子供室棟には、スキップフロアを結ぶデコボコ階段と大きな本棚があります。ここは子供の創造力と感性を刺激する空間になっています。一方、西側にある家族棟はどこに座っても中庭が見える、風と光を感じる場所。プライバシーや防犯にも配慮した安心感のあるコートハウスとなっています。

高野保光
Yasumitsu Takano
遊空間設計室

1956年栃木県出身。日本大学生産工学部卒。日本大学助手、設計事務所勤務を経て、1991年に遊空間設計室を設立。趣味はテニス、卓球、ボーリング、スポーツ観戦。

nº08

DATA Cさんの家

家族構成	夫婦＋子供1人
敷地面積	100.53㎡
延床面積	114.40㎡
構　　造	木造
設計期間	2008年2月～9月
施工期間	2008年9月～2009年4月
施工会社	渡邊技建(株)

小さな敷地に建つ家は
ぐるぐる動線とトップライトで
広さと明るさと快適さを得る

リビング内の階段、その上の畳スペース、ルーフバルコニーと、
いろいろな居場所が設けられた小さな家。
光や影の落ち方も様々で、Uさん家族は家の中に現れる
そんな豊かな表情を楽しんでいます。

Uさんの家　神奈川県
設計／岸本和彦

n°09

2階ダイニングから数段下がったところに設けられたワークスペース。おもに奥様の仕事場として使用しているが、子供の遊び場にも、勉強部屋にもなるフレキシブルな空間として用意されている。

撮影／上田　宏

難題の多い土地を克服

「光の入る家を、家族が集える家を、影が美しい家を、場所によって気持ちが変わるような家を」──。これが、建主のUさん夫妻の家づくりの要望でした。

子供が生まれ、そろそろ自分たちの家がほしいと思っていたご夫妻は、祖父母所有の土地をタイミングよく譲り受け、建築家に依頼して家を建てることを決めます。

しかし、その土地には数多くの難題がありました。「とにかく光が入りにくく、開放感がない土地だったんです」とご主人。

狭小地で14坪ほどの広さしかないこと、周囲は住宅に囲まれていること、そして前面の道路は私道で幅は4m以下という点を克服する必要があったのです。よって「光の入る家を」という要望は絶対条件。そこで建築家の岸本さんが考え出したのが、外枠をガルバニウム鋼板でシェルターのように囲い、家全体に光が行き渡るようトップライトをぐるりと取り付ける方法でした。

ルーフバルコニーにつながる階段からリビング方向を見る。ぐるりと囲うトップライトが、朝日や夕日、その日の天候等を即座に感じさせてくれる。

場所によって気分が変わる空間づくり

プランは1階に個室と水まわりを配し、そして2階はダイニングを中心に、レベル差をつけて数段下りたところにワークスペースを、数段上がったところにリビングを設けました。さらに、上に上ると小さな畳スペースがあり、その先に高い壁で外部を遮ったルーフバルコニーがあります。

このようにこの家は、階段を上るたび、少しずつ居場所が変わり、そして雰囲気が変化していくおもしろみがあります。

ワークスペースのようにこもれる空間もあれば、空を仰ぎ見られるルーフバルコニーのような空間もある……。リビングの階段さえも家族のくつろぎの場となっています。

「夫婦ともにクリエイティブな要素が必要な仕事なので、場所によって気分が変わる空間があるのは刺激を受けます。空間が広がる場所・閉じる場所、明るい場所・影のある場所、その両方がこの家には盛り込まれているんです」（奥様）

座る場所で見える風景が変わってくるダイニング。ダイニングテーブル上のアーム式照明器具は、テーブルの位置や座る場所に合わせて移動できて便利。このスペースの奥がリビングとなっている。

Wakuwaku Point

POINT 1
光の落ち方、影の出方が美しい空間

昼間、トップライトから空を眺めれば気持ちが開放され、夜は夜で逆の雰囲気を味わえる。「ロールスクリーンを下ろすとまるで帆を張ったかのよう。船に乗っているような浮遊感を感じます」（奥様）

断面図

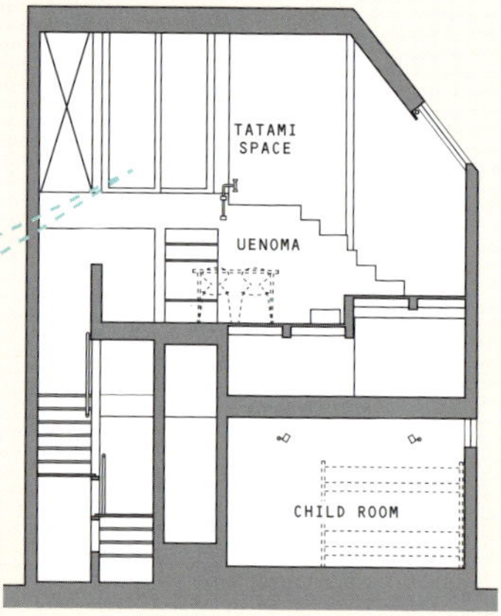

POINT 2
「空箱」と名づけられたルーフバルコニー

「ルーフバルコニーから眺める空は余計なものが一切見えない正方形。まるでジェームス・タレルの作品のようです」とご主人。階段からそのまま出られるため、ここはもうひとつの部屋の感覚。

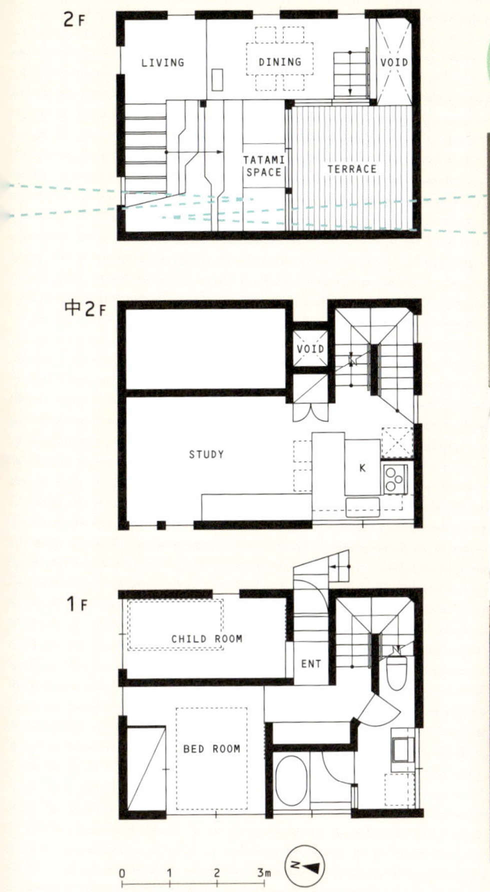

POINT 3
ぐるぐると上下する動線が広がりをつくる

行き止まりを感じさせないのは、ぐるぐると回りながら上り下りできる動線計画にある。さらに段差と段差に挟まれたわずかなスペースも家族の居場所に。家族が語らえる場所があちこちに計画された。

建築家からひと言

コンパクトな空間をよりヒューマンスケールな居場所に分節し、トップライトのあるシェルターでおおらかに覆いました。そして斜線制限と天空率で導き出された形態に添うように床に段差を設け、最も高いところに畳スペースとルーフバルコニーを設置。ルーフバルコニーはこの家にとって中庭のような存在で、その周囲に太陽光とのびやかに広がっていく空の風景を提供します。

n°09

岸本和彦
Kazuhiko Kishimoto

acaa

1968年鳥取県生まれ。東海大学工学部建築学科卒。エーアンドエー建築計画研究所を経て、1998年にアトリエチンク建築研究所を設立。その後、acaaに改称。東海大学、東京デザイナー学院非常勤講師。趣味は読書、音楽鑑賞、ジョギング。

DATA Uさんの家

家族構成	夫婦＋子供1人
敷地面積	46.7㎡
延床面積	55.58㎡
構　　造	木造
設計期間	2010年4月～11月
施工期間	2010年12月～2011年4月
施工会社	(有)大熊工務店

1日の始まりは、オアシスのような中庭を眺めることから

Kさんの家　大阪府
設計／二宮俊一郎・諸留智子

n°10

鉄骨ユニットを使用した工法により、
広々とした生活空間を手に入れたKさん家族。
広いLDK、広い中庭、広い個室が家族に精神的なゆとりも
与えてくれています。

撮影／平野和司

◀ 東側から見た外観。周囲は住宅に囲まれ、交通量も非常に多いことから、外の喧騒を遮断するような形状に。アルミの外壁がよりスタイリッシュな雰囲気を醸し出す。 ◀▼ 東の大開口から光が差し込む２階LDK。真っ白な壁と天井に光が反射し、一層室内全体が明るくなる。 ▼ キッチンのある北側から南の方向を見る。LDKの一角にフラットなタタミコーナーを設けたことで、床座でゆったりとくつろぐことも可能になった。

パートナー選びから、すべてにこだわる家づくり

真っ白な外壁にアルミを組み合わせたスタイリッシュな外観のＫ邸は、地域の中でもとても目立つ存在になっており、ときに見学者も訪れるのだといいます。

そんなＫさん夫妻の家づくりは数社のハウスメーカーをあたるところから始まり、そして、６人目の建築家、二宮さん・諸留さんと出会ったことからようやく本格的に始動します。

ご夫妻は「大きな浴室」「ゆったりとした階段」「30畳のリビング」等々、数十項目もの要望を伝えました。さながら奥様の家づくりにかける思いは並大抵のものではなく、建材や設備に関しても気に入るものが見つかるまで、ショールームに通い詰めたのだといいます。

結果、「家にいるのが本当に心地いいので、旅行に行かなくてもいいくらい」。

実際に住み始めて、こう感じるほどの満足感を家族は実感しています。

広い中庭は外部の喧騒を遮断する大切な役割をもつ。内部の壁のパンチングメタルや白いタイルが1本のシンボルツリーを引き立たせる。プールと樹木をライトアップすれば、幻想的な雰囲気に。

▸中庭から階段で直接2階へのアクセスも可能に。階段下にドアがあり、駐車場と中庭もつながっているので、出入りもスムーズ。大きな荷物などを運ぶときにも便利。 ▾中庭に向かって配したオープンキッチン。キッチンカウンターの手前にも背面にも収納を十分に設けたため、キッチンまわりもLDもいつもスッキリ。

工法と中庭で面積と開放感を得る

K邸は、“毎日の掃除が大変”と奥様がいうくらい、とにかく広々。

「すべてにおいて大きめの面積を要望され、たとえば子供室も8畳の広さを3部屋必要とされました。3階建てにしてしまえば容易に解決できるのですが、建築基準法上や予算上の制約もあるので、なんとか2階建てで納まる工夫をしたのです」と二宮さん。

それには、K型フレームという鉄骨ユニットを使用した工法を採用することで対処しました。

「10×10cmの柱を使用する工法で、鉄骨造でありながら柱を壁内に納めることができるため、柱型のないスッキリとした空間を可能にします」（二宮さん、諸留さん）。

また、より開放感を与えてくれるのがすべての居室に面した中庭です。雑然とした外部を遮ってくれるだけでなく、四季や天候、時間の変化、家族の気配が感じられるオアシスのような存在なのです。

Wakuwaku Point

POINT 1
中庭を眺めることから始まる1日

「LDKの大開口から中庭を眺めるのが私たちの一日の始まりなんです」とKさん夫妻。また、LDKではこんな発見も。「階段の影が上下2方向に出るときがあり、それがとてもきれいなんです」。

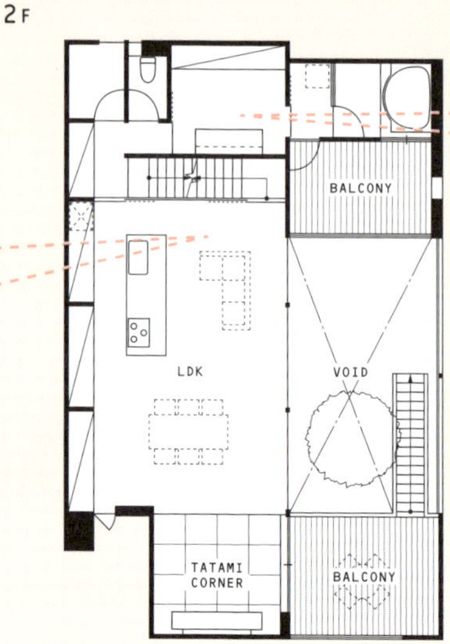

POINT 2
開放的な中庭はオアシスのような存在

雑然とした周辺環境を忘れさせてくれるのがタイル貼りの中庭だ。プールや植栽が施され、ここはまるでオアシスのよう。移りゆく四季の変化も感じ取れる、心やすらげる空間。

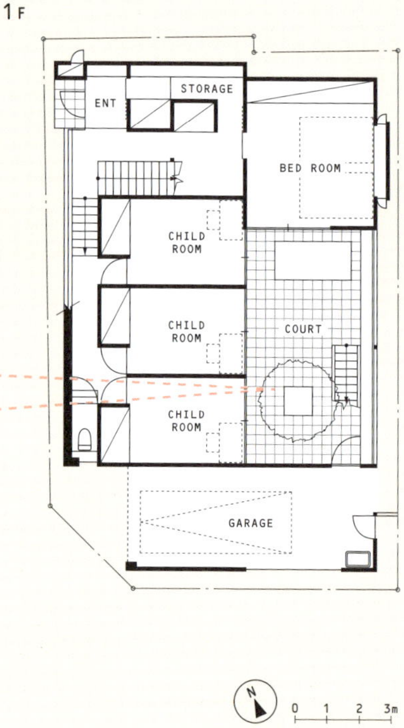

POINT 3
天窓から
光が下りる
洗面・浴室

◀▲ 北側の洗面・浴室は天窓から光を取り込み明るさを確保。浴室は爽やかな水色のタイルが、光の差し具合で美しい濃淡をつくり出す。くつろげる大きな浴槽もポイント。

建築家から ひと言

この家は、不整形な道路と電線が蜘蛛の巣のように張り巡らされた一角に位置しています。下町特有の良好な庶民性がある中、交通量も多い混沌とした様相です。そこで理想の住環境の在り方を手がかりに、敷地のコンテクストを分析し、主要な要素を再編集していきました。結果、遮音壁・光のスリット・居住空間・中庭というエレメントをレイヤー状に積層した構成の建築となりました。

◀ ▶
二宮俊一郎・諸留智子
Shunichiro Ninomiya & Tomoko Morodome

一級建築士事務所エヌアールエム

二宮俊一郎／1966年鹿児島県生まれ。大阪芸術大学芸術学部建築学科卒。ILCD（現北河原温建築都市研究所）、中西建築デザインを経て、1997年にエヌアールエムを共同設立。趣味はドライブ、音楽鑑賞、映画鑑賞、乗馬。
諸留智子／1966年大阪府生まれ。大阪芸術大学芸術学部建築学科卒業。第一工房などを経て、1997年にエヌアールエムを共同設立。趣味はネットサーフィン、音楽鑑賞、映画鑑賞、乗馬、読書。

nº10

DATA Kさんの家

家族構成	夫婦＋子供3人
敷地面積	120.61㎡
延床面積	227.68㎡
構　　造	鉄骨造
設計期間	2003年12月～2005年8月
施工期間	2005年11月～2006年4月
施工会社	（株）創建

外とのつながりをもたせた
大らかな家で
家族4人がのびのび暮らす

Tさんの家　千葉県
設計／直井克敏・徳子

n°11

軒下の広い土間や2階のプライベートデッキ等、
外とのつながりをもたせた開放的なプランが魅力のT邸。
そしてそこに、薪ストーブやピンクの壁等の
「遊び」をプラスし、一層楽しい家ができ上がりました。

撮影　上田 宏

▶２階のプライベートデッキは、外からの視線を気にせずに過ごせる開放感あふれる場所。休日のリフレッシュ空間として最適。子供たちの遊び場にもなっている。▼平屋のような大屋根と屋根からとび出した煙突が、新しくも懐かしい雰囲気を漂わせる外観。1階は木塀と植樹でプライバシーを守っている。

子供を育てるなら建築家設計の家！

「夏暑く、冬寒い」「キッチンが暗くて狭い」などの悩みと、建物のメンテナンスに費用がかかっていたため、Ｔさん夫妻は自宅の建て替えを決意します。

家づくりにとりかかった当初は、地元の工務店やハウスメーカーにプランの作成を依頼しつつも、実のところ「最終的には建築家にお願いしたい」という気持ちを強くもっていたそうです。

それは、奥様の実家が建築家に依頼して建てた家だったので、その工夫に富んだ家の楽しさや素晴らしさを、子供たちにも感じさせてあげたかったのだといいます。

「“自分たちにはやはり建築家が合っている”と確信できたのは、依頼先の幅を広げ、上がったプラン等、あらゆる方面から検討したおかげです」とＴさん夫妻。

家づくりを託すパートナーに選んだのは、直井建築設計事務所。「プランは思ったことを細かく伝え、デザインは全面的に直井さんにおまかせしました」（Ｔさん夫妻）

深い軒下は内と外の中間領域。ここで庭を眺めながらバーベキューをすることも。小雨くらいならば外で遊ぶこともでき、子供にとっても楽しい場所に。

楽しみが広がる外部空間

全体的に大らかなつくりであることが大きな特徴のT邸。平屋のような大屋根がのびのびとした印象を与え、1、2階ともに南道路の日当たりのよさを生かすべく大きな窓が設置されています。

「まっすぐにのびた軒下は、内側と外の中間領域として縁側のような気持ちよさを感じることができます」と直井さん。

2階のデッキも外の視線を気にすることなく過ごせる家族だけのプライベート空間。子供たちがここで走り回ったり、休日に外の風を感じたりと、生活にゆとりを与えてくれる場所となっています。

さらにゆるやかにつながる居室は、床の段差や天井高の違い、明るさ、開放感に差をつけることによって、それぞれの場に奥行きや変化をもたらしました。機能性だけを重視するのではなく、「遊び」をあちこちに散りばめたこの家には、家族4人の笑顔が満ちあふれています。

▲家族がいちばん長くいる場所がダイニング。家の中心にあることで家族が集まりやすくなっている。「庭の水盤で遊ぶ鳥を眺めているとゆったりした気持ちになります」と奥様。　▶ダイニングに続くリビングには段差を設けて、空間をゆるやかに分ける。天井を低く抑えているため、こもったような落ち着きをもっている。炎のゆらぎを楽しめる薪ストーブは、空間のアクセントにも。

庭も眺められるキッチンはひとつの部屋のように設計。ホームパーティーをすることも多いT邸では、大勢で立つことができるように6畳ほどの広さを確保した。建具の開閉によりダイニングと一体化させたり、部屋として独立させることもできる。

POINT 1
ひとつの部屋のような広いキッチン

1F

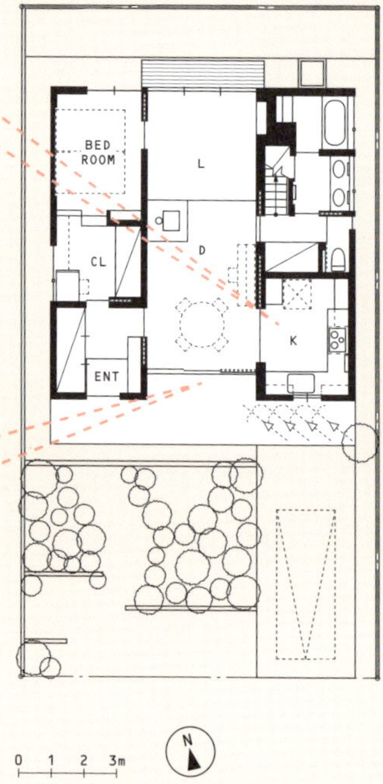

POINT 2
ダイニングとフラットにつながる土間

バーベキューなどを庭でするとき、自由に行き来できるようにダイニングと土間の段差をなくした。床をフラットにすることで、ダイニングとも一体化し、大勢が集まるパーティーにも便利。木製の引き戸は片側に寄せれば、開放感たっぷり。

POINT 3
上り下りが
楽しくなる
ピンクの階段室

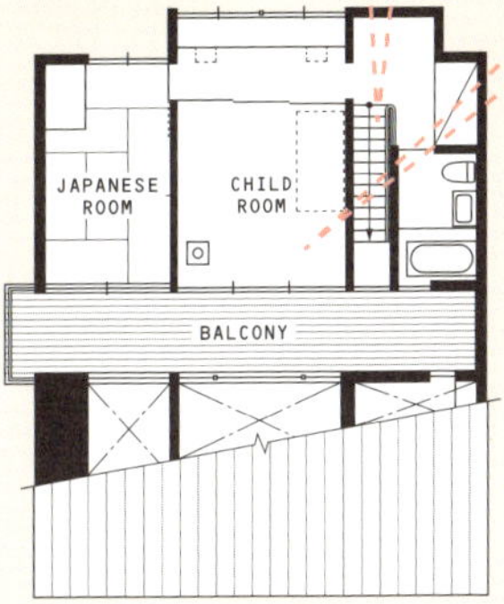

2F

◀ 1階と2階のつながりを感じさせるように階段室の壁をピンクにした。デッキから差し込む光が壁を照らし、明るさも十分。2人の姉妹も子供室のある2階と1階を行き来するのが楽しみだとか。▲ ロフト、勾配天井、ピンクの壁と、夢がたくさん詰まった子供室。ロフトは収納として利用するだけではなく、子供たちの秘密基地にもなる。子供にとって記憶に残る楽しい場所になりそうだ。

POINT 4
夢と楽しさに
あふれた
子供室

建築家から ひと言

自然に対し豊かな感性をおもちのご家族だったので、外とのつながりをもつ開放的な空間をつくることをテーマとしました。軒下の土間やデッキでは庭を眺めたり、風を感じることができます。また、人が集う家にしたいという要望から、キッチンを独立させ、さらに暖炉を家の中心に配することなどで、住むための機能だけでなく豊かに過ごすための『遊び』に満ちた家になりました。

◀ ▶
直井克敏 ・徳子
Katsutoshi & Noriko Naoi

直井建築設計事務所

克敏／1973年茨城県生まれ。東洋大学工学部建築学科卒。藤澤陽一朗建築設計事務所、R&K partners、奥村和幸建築設計室を経て、2001年に直井建築設計事務所を設立。趣味はゴルフ、おいしいご飯とおいしいお酒をいただくこと。
徳子／1972年東京都生まれ。東京家政学院大学家政学部住居科卒。細谷功＋スタジオ4、インターデザインアソシエイツを経て、2001年に直井建築設計事務所を設立。趣味はゴルフ、キャンプ。

n°11

DATA　Tさんの家

家族構成	夫婦＋子供2人
敷地面積	218.00㎡
延床面積	139.94㎡
構　　造	木造
設計期間	2009年4月～9月
施工期間	2009年10月～2010年6月
施工会社	(株)大作

中庭がつなぐ2つの棟。ほどよい距離で仲よく暮らす二世帯住宅

広い中庭が母屋（親世帯）と離れ（子世帯）をゆるやかにつなぐ二世帯住宅です。中庭は互いの世帯を行き来したり、家族に癒しを与えてくれるなど、大切な役割を担っています。

Yさんの家　滋賀県
設計／井上久実

n°12

よりよいものを求め建築家に託す

田畑が残るのどかな環境に建つYさんのお宅。約430坪の広い敷地には、ご両親が暮らす母屋とYさん家族のための離れがゆったりと配されています。

Yさん家族の二世帯住宅建築計画が持ち上がったのは、息子さん夫妻のお子さんが幼稚園入園を迎えることがきっかけになりました。別々に生活していた2つの世帯がともに暮らすために、老朽化した家の建て替えがスタートしたのです。

そこでYさんが家づくりのパートナーに選んだのは、建築家の井上久実さんでした。「建築家との家づくりを望んだのは、よいものをつくりたいという思いと、デザイン面をはじめ、自分たちだけでは思いつかないようなアイデアを提案していただけると思ったからです」（ご主人）。

Yさん夫妻が望んだとおり、建築家ならではの柔軟な発想があちこちに生かされた快適な住まいとなりました。

撮影／冨田英次

▲ポーチから中庭を見る。夜はライトアップされたシンボルツリーが格子越しに見えて美しい。ポーチの左右にそれぞれの玄関が配置されているが、ポーチから中庭に、中庭から各世帯に入ることもできる。 ▶▲広い敷地に堂々と建つY邸。周囲の景観に馴染むよう瓦屋根とした。左手の木格子の奥は母屋のLDK。 ▶離れ(子世帯)の玄関ホール。ハイサイドライトと地窓から明るい光が注ぐ。中庭の芝生が正面に見えて気持ちいい。

離れのLDKは、吹き抜けが1、2階をつなげるダイナミックな空間。中庭から入る風が家全体に吹き渡るため、夏はエアコンをつけなくても、自然の風を感じながら気持ちよく過ごせる。

中庭が母屋と離れを結ぶ

“完全分離型の二世帯住宅で、中庭を取り込み、親世帯と心地よい距離感のある住まい”。Yさんが望んだのはこのようなスタイルの二世帯住宅でした。

井上さんがとくに配慮したのが、親世帯の母屋と子世帯の離れの互いのプライバシーの確保です。たとえば、子世帯のLDKからは親世帯の和室が見えるなど、日常過ごす生活空間が向かい合わないよう工夫がなされています。

そして、それぞれの世帯の生活スタイルに合わせ、心地よい空間をプランニング。離れのLDKは、登り梁を現しにした大きな吹き抜けにより、家族3人がのびのびとくつろげる空間に。一方、母屋はLDKに沿ってテラスを隣接させ、外からの目隠しに木格子を設置。生活空間に広がりと落ち着きをもたらしました。

家族の誰もが笑顔になる、理想的な二世帯住宅ができ上がりました。

母屋のLDKは南に面しているため日当たりも良好。ヒノキの無垢材の床はやわらかい感触が心地いい。人が大勢集まる母屋ではキッチンをオープンにして、みんなで料理ができるようにした。

母屋玄関。上がり口の畳のスペースは、お客様をゆっくり応対する場にもなる。上から吊っている階段が象徴的。

母屋の和室。田の字型に4間配置し、仏事用に使用できるようにした。中庭の光が障子を通してゆるやかに入る。

Wakuwaku Point

2階まで吹き抜けた開放的なLDKは、家のどこにいても家族の気配が感じられ、かつコミュニケーションも取りやすい。2階は2つの子供室が並ぶが、孤立することのないプランとなっている。上下階から互いに声をかけ合える。

POINT 1
家族の存在を感じる安心感

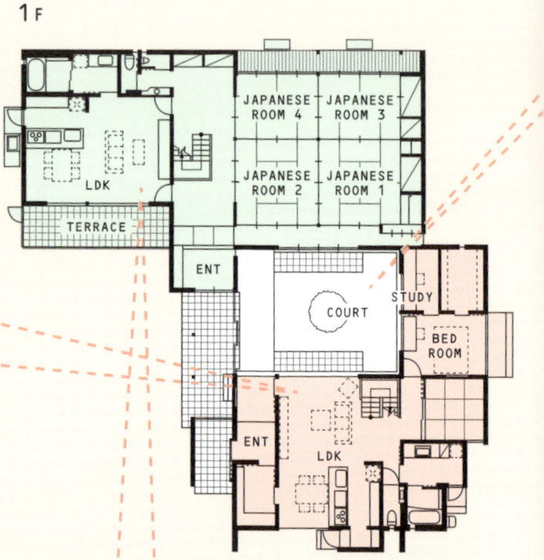

母屋　離れ

POINT 2
空間も用途も広げてくれる広いテラス

内とも外ともつかないテラスが空間に広がりをもたらしてくれる。外部から直接室内が見えないように設けたテラスだが、多様な使い方を可能にした。人が大勢集ったときにも便利。

POINT 3
家の歴史を
中庭の
樹木で感じる

2F

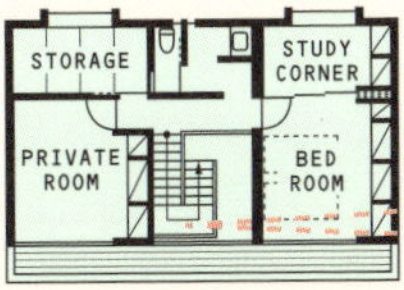

POINT 4
窓から
星や月が見える
階段室

◀ 中庭には大きなシンボルツリーと芝生を植えて、生活の中で常に緑を感じられるようにした。「樹木のその成長から、家の歴史を感じとることができます」とご主人。 ▲ 母屋の階段室。玄関ホール吹き抜け上部のトップサイドライトからやわらかな光が入り、落ち着きを醸し出す。「夜にはその窓から星や月が見え、とても癒されるんですよ」とお母様。リズミカルな階段も空間にしっくり溶け込んでいる。

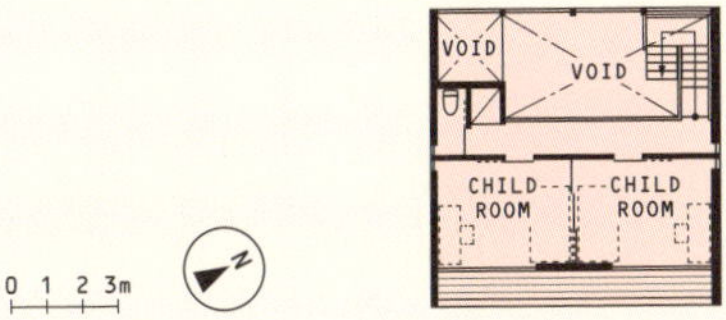

建築家からひと言

この家は母屋と離れを、中庭を挟んで東西に分けて配した二世帯住宅です。中庭を挟むだけではプライバシーを確保することは難しいので、日常的に使う空間がお互いに面しないよう配慮しました。たとえば、子世帯のLDKは親世帯の仏事に使う和室に面するなどです。近づける空間と遠ざける空間を整理して配置することで、独立した二世帯の住宅がつながるのではないかと考えました。

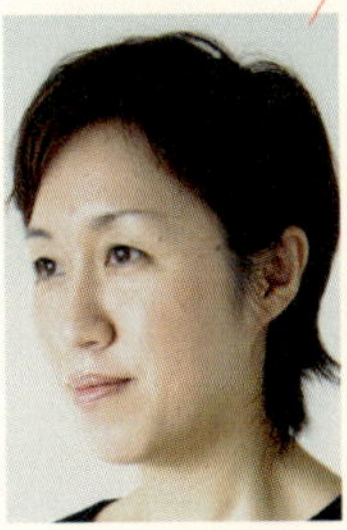

井上久実
Kumi Inoue
井上久実設計室

1967年奈良県生まれ。大阪市立大学生活科学部住居学科卒。株式会社大林組、ロンドン在住を経て、2000年に井上久実設計室を設立。摂南大学理工学部非常勤講師。趣味は旅行、料理、陶芸。

No.12

DATA Yさんの家

家族構成	両親＋夫婦＋子供1人＋弟
敷地面積	1431.45㎡
延床面積	603.20㎡
構　　造	木造
設計期間	2008年2月～2009年1月
施工期間	2009年2月～11月
施工会社	(有)山亀工務店

子供たちが駆け回る
甲羅を背負った
自然素材の家

マンション住まいだったWさん夫妻は、
3人兄弟にのびのび育ってほしいとの願いを込めて
一戸建てを建てる決意をします。
その甲斐あって今では、
子供たちの元気な声が家じゅうにいつも響き渡っています。

Wさんの家　埼玉県
設計／瀬野和広

nº13

のびのび子供を育むために

「子供たちは家の中を走り回ったり、２階の部屋の隅の方で秘密基地をつくったりして遊んでいます。それぞれの個室に閉じこもるよりも、コミュニケーションが取りやすい環境をつくりたいと考えました」。

　こう話すのは、子供たちの成長を考えて、マンション住まいから一念発起で一戸建てを建てたWさん夫妻です。

　一方、この家を設計した瀬野さんは、「家づくりはのびのびと子育てをするための道具づくりだと思っています。大きな容積一杯が子供にとっての遊び空間であり学びの場です」と語ります。

　2階は子供たちが共有する「ワークショップ」なる空間が設けられていますが、ここは天井を見上げれば、スプルース材の合せ梁がリズミカルに並び、勾配天井と相まって楽しい気分にさせてくれます。

　3人兄弟が仲よく遊んだり、勉強をしたりする場所としては最適な空間です。

撮影／石井雅義　※瀬野和広

◀ 西側外観。屋根は全面ガルバリウム鋼板で、横長尺と縦ハゼ葺きを使い分けている。塀で囲っているため防犯上も安心。 ▼◀ 上から見下ろすと、六差路の交差点の一角にある三角形の敷地であることがわかる。そして屋根はまるでカブトカニの甲羅。高いマンションからの視線も気にならない。 ▼ 南側には庭を配し、自然光と風を室内に呼び込む。南の大窓から北の地窓に風が抜けるため夏はエアコンいらずで過ごせる。

畳敷きの床座スタイルの生活のため、キッチンに立つ奥様とも目線が合うように設計。「キッチンから吹き抜け越しに見える空が、私のお気に入りです」と奥様。

2階の寝室方向を見る。左手にワークショップがあり、吹き抜け越しに階下にいる家族と会話をすることができる。周囲を建物に囲まれているとは思えないほど、南から光が燦々と差し込む。

「澄んだ空気は深呼吸したくなるほど」

　家づくりの計画地は、六差路の交差点の一角で三角形の敷地でした。

「近くには商業施設、マンションなどが建ち並び、人目につきやすい場所でしたので、プライバシーがしっかり守れる家をお願いしました」とご主人。

　そこで考えられたのが塀で取り囲む方法。加えて、屋根をシェルターのように全面をガルバリウム鋼板で覆いました。

　実は建築現場を見下ろすマンションの上階に住んでいたＷさん家族は、家ができ上がっていく様子を日々バルコニーから眺めていたといいます。屋根が張られた様はまるでカブトガニの甲羅のよう。外部からしっかり守られているのがわかります。

　さて、室内はというと、一転して木の香り漂うくつろぎの空間。床はカバザクラの無垢材を、壁天井には火山灰クリーム等を使用しているため、空気も澄み渡り、家の中で深呼吸したくなるほどです。

　Ｗさん家族は、大らかなリビングの吹き抜けを見上げ、そして、自然素材に包まれている気持ちよさを日々実感しながら暮らしています。

屋根の形状をそのまま現し、目一杯空間に広がりを出した。「家に入ったとたんに木の香りがするんです。空気が澄んでいて、それだけで気持ちいいですね」（ご主人）

POINT 1
空気の澄んだ自然素材の家での生活

POINT 2
のびやかでダイナミックな空間づくり

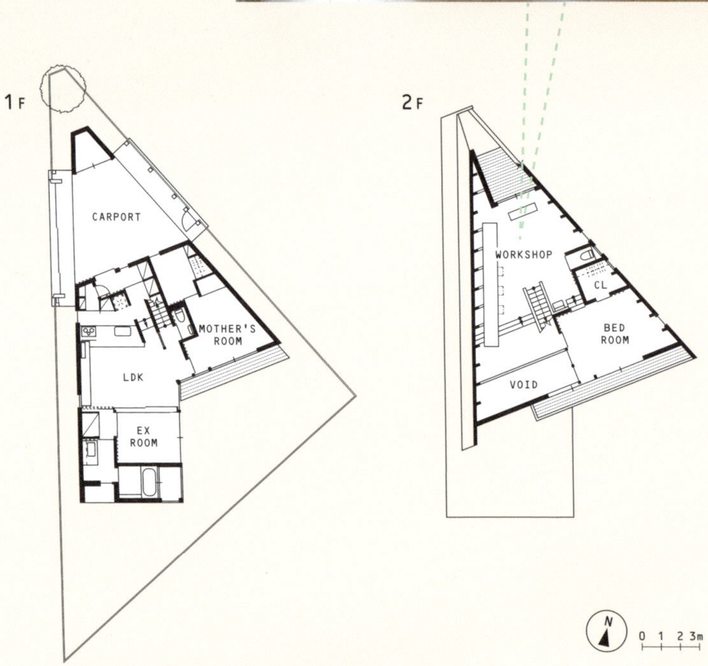

POINT 3
3人兄弟が
仲よく楽しく
過ごすスペース

ワークショップでは子供たちの陣取り合戦から自分の居場所が確保される。スキップフロアに座って遊んだり、部屋の隅に秘密基地をつくったりと思い思いに過ごしているそう。

建築家から ひと言

六差路の街角とのかかわりの中での家づくりでした。周囲はマンション等も建ち、人目につきやすいところだったので、プライバシーの確保を考慮した外観としました。その甲羅の屋台骨が組み上がったとき、さらにシェルター全面が現れたときは、何か不可思議なその形に多少の戸惑いを感じたようです。「屋根が山の家」「屋根がカブトガニ」など、様々な見え方がこの家の特徴です。

瀬野和広

Kazuhiro Seno

瀬野和広＋設計アトリエ

1957年山形県生まれ。東京デザイナー学院スペースデザイン科卒。鬼工房、大成建設設計本部を経て、1988年に瀬野和広＋設計アトリエを設立。日本建築家協会所属。東京都市大学非常勤講師、CASBEE研究開発、「すまい」検討委員。趣味は「まち」歩き、「やま」歩き、写真、スキー。

No 13

DATA Wさんの家

家族構成	夫婦＋子供3人＋母親
敷地面積	257.62㎡
延床面積	150.39㎡
構　　造	木造
設計期間	2008年9月～2009年9月
施工期間	2009年9月～2010年4月
施工会社	(株)内田産業
構造設計	稲山正弘

オープンな間取りと
開放的な4つの庭が
家族のつながりを強める

「子供たちと触れ合える家を」──。
Kさん夫妻が家づくりに重きをおいたのは、このテーマでした。
5mの大きなテーブルや2階の机、吹き抜けそばの子供室……。
別々の場所にいても、家の中ではいつも家族一緒です。

Kさんの家　茨城県
設計／田井勝馬

n°14

「清潔感のある室内にしたかった」とご主人がいうように、石調タイルとガラスを中心にした無駄のない空間が広がる。敷地の真ん中に配されたキッチンは、室内も中庭も見渡せる位置にある。

撮影／小川泰祐

「寒さ、暗さ、結露も改善されました」

Kさん家族が以前住んでいた家は築約40年経つコンクリート造の建物でした。断熱材もなく、冬は寒くて暗く、そのうえ結露によるカビにも悩まされていたそうです。そんな環境を改善すべく、そして当時3人のお嬢さんたちとの触れ合いを重視すべく、家づくりを決意するに至ったといいます。

この家を設計した田井さんは、敷地に余裕があったことから4つの庭を配置し、庭と室内が連続する空間構成としました。エントランスの前庭、リビングと連続する庭、寝室・浴室から眺められる庭、ゲストスペースと一体化した庭が、機能的にも視覚的にも快適な環境を生み出します。

「ペアサッシなどの建材にこだわらなくても、間取りや窓、扉の位置などで湿気や空調は調節できるのですね」とKさん夫妻。

以前の家とは正反対の、明るく、冬暖かく、そして通気性も申し分のない家となりました。

エントランスからリビング方向を見ると、オブジェのような美しいラインのらせん階段が目に入ってくる。床に敷いた300×600mmのイタリア産タイルと相まって、モダンで軽やかな印象に。

ワンルーム感覚のオープンな空間

建築中にお子さんが生まれ、夫婦＋4人姉妹の6人家族となったKさんのお宅ですが、当初の要望どおり、家族の触れ合いが設計の大きなテーマとなりました。

そこで田井さんが提案したのは、上下階のつながりがある、家全体がワンルーム感覚のオープンな住宅。キッチンを建物の中心に配したことで、奥様は子供たちの様子もひと目でわかり、そして子供たちもつねに母親の姿が見えることで安心できます。

長さ5mある大きなダイニングテーブルで勉強をしていても、庭で走り回っていても、さらには2階の子供室で遊んでいても、お互いの気配を感じていられるのです。

「2階で子供がけんかしていても、話の内容がよく聞こえるのでうまく仲裁できるんですよ（笑）」とご主人。

6人が密接につながり、そしていつも仲よくいられる理想的な関係を、Kさん家族はこの家で築いていっています。

▲スタイリッシュな印象ながら、若干の染色を施したスギ板張りの外壁により温かみも感じられる外観。▲◀南側の中庭と浴室に接する2つの庭に挟まれた寝室。通風、採光、開放感、すべてが申し分のない空間。▶敷地の東側に設けた書斎。プレイルームや庭とのつながりにより、広がりだけでなく視界も抜ける。

POINT 1
小さな子供たちといつも一緒に過ごせる場所を

長さ5mのダイニングテーブルは食事をする以外に、子供たちが勉強したり、お絵描きをしたりと大活躍。ときに子供たちに食事の手伝いをしてもらうことも。家族のコミュニケーションが深まる場所。

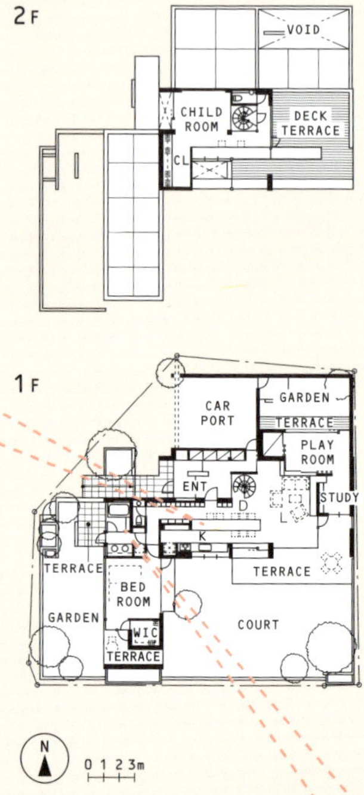

POINT 2
テラスとつなげた開放的な浴室

「浴室の面積は狭いけれど、テラス側と脱衣所側がすべてガラスなので開放感があり、とても気持ちがいいですね。実際より広く感じます」と奥様。風通しも抜群で湿気の心配もなし。

POINT 3
姉妹がともに
学び、過ごす
共有空間

姉妹がともに過ごす子供室。勉強机は長さ5mあり、外のテーブルとつながっている。テラスでは「冬、家族全員で寝袋に入り流星群を見ました。大感動！」。右の写真はテラスを外から見た様子。

POINT 4
2階テラスで
流星群を見て
大感動！

建築家から ひと言

家族との関わりを絶えず望んでいたKさん家族には、ワンフロアで構成されるオープンな住宅を提案しました。敷地の中心に住まいの核となるスペース（キッチン）を配し、２階は下階のキッチン・リビングと吹き抜けや階段によってつながっています。お互いの気配を感じることのできる立体ワンルーム、そして外部に開けたこの住宅は、家族の会話が街との対話に発展していきます。

田井勝馬
Katsuma Tai
田井勝馬建築設計工房

1962年香川県生まれ。日本大学理工学部建築学科卒。戸田建設本社建築設計統括部を経て、1995年に田井勝馬建築設計工房を設立。趣味は旅行、椅子のコレクション、読書。

nº14

DATA Kさんの家

家族構成	夫婦＋子供４人
敷地面積	483.08㎡
延床面積	231.69㎡
構　　造	鉄骨造
設計期間	2000年9月〜2001年6月
施工期間	2002年7月〜2003年2月
施工会社	（株）小川建設

変形切妻屋根が二棟並ぶ平屋の家。東側にLDKと水まわりのパブリックな棟を、西側に子供室、主寝室のプライベートな棟を配置。

ゆったり佇む平屋の家は
5つのテラスを点在させ
行き交う光と風に包まれる

Wさんの家　千葉県
設計／村山隆司

n°15

広い中庭も含め、5つのテラスがあるW邸は、
どの部屋も外とのつながりが感じられるのびやかな家。
中庭はコミュニケーションの場でもあり、
ここからたくさんの笑顔が生まれます。

2つの棟を結ぶ中庭で憩う

アプローチを抜けると正面に広々としたデッキテラスが見えてくるWさんのお宅。この家は、郊外ならではの比較的広い土地のメリットを生かし、東西に分けた二棟を廊下でつなぐ平屋建てとして計画されました。その棟と棟との間に設けられたのが中庭のデッキテラスです。

「バーベキューをしたり、夏に子供たちがビニールプールで遊んだり、近所の方とお茶を飲んだりと、中庭はいろんな使い方ができる楽しい空間です」とWさん夫妻。

しかしこの家には、中庭以外になんと4つものテラスがあるのです。洗面室、浴室、和室、玄関に面したこれらのテラスが室内に光と風を送り込み、開放感を与え、快適な住環境をつくり出します。また、中庭を通して各部屋の気配がわかるつくりにも。

「キッチンから部屋で過ごしている子供の姿が見えると、ほほ笑ましい気持ちになりますね」と奥様は話します。

撮影／石井雅義

▲建物の中心に位置する中庭。中庭を取り囲むように居室が配されているため、離れていても家族の様子がよくわかる。 ▶玉石をあしらい、和のテイストでまとめた玄関。古民家で使われていた格子戸を再利用。「ガラガラ」音に癒される。 ▼中庭手前の三和土は作業もできる便利なスペース。小雨のときも遊び場に。

LDKは和室も隣接させたワンルームとし、天井は勾配屋根で空間のボリュームを出した。古材の大黒柱、小黒柱が、建物をしっかり支えてくれるとともに、空間のアクセントにもなっている。

古材の大黒柱が家族と家を守る

「ご夫婦でいらしたお客様は、ご主人からお褒めの言葉をいただくことが多いんですよ。古材の大黒柱や無垢の床が、男性はとくに心地よいのかもしれません」（奥様）。

この家を設計した村山さんはポイントでよく古材を使うそうですが、今回はケヤキの大黒柱と小黒柱を民家の古材置き場に行って、探し出して来たのだといいます。

家をしっかりと支えてくれる大黒柱の安心感からか、子供たちはよく大黒柱に寄りかかっているのだそう。

「この家は、“ワクワク”する部分もありますが、どちらかといえばホッとできる家でしょうか」（ご主人）。玄関の引き戸の「ガラガラ」音や見上げると目に入る梁、やさしく室内を照らすスポットライト等々、この家のすべてが心地よいのだとご夫妻。

「五感で感じるこれらが、子供たちの心にも“懐かしさ”として残ってほしいですね」とお2人は話します。

キッチンは司令塔としての役目を十分に発揮できるよう、家全体が見渡せる位置に配した。大開口部のほかにもハイサイドライトを設け、光と風が通りやすいよう配慮している。

南側に配した子供室。部屋から直接出入りできる中庭、ロフトなどで子供たちがのびのびと楽しく過ごせる工夫をした。LDKと子供室が、中庭を挟んで互いに見えるレイアウトになっている。

ケヤキの大黒柱(8寸)と小黒柱(7寸)が印象的なLDK 。2本の柱は120年の歴史をこの家に伝え、家族のこれからの歴史を見守っていく。「和室のふすまの色はモダンな色を選んでみました」とご主人。焦げ茶の大黒柱との色合いもぴったり。

POINT 1
120年の歴史をもつ大黒柱に見守られて

POINT 2
活用法いろいろ。プライバシーを守る中庭

「中庭の中央にカエデを植える予定で、現在苗木を育成中です。それが大きく育つのを皆がワクワク待っています」。またこの中庭はキッチンともアクセスしやすく、バーベキューパーティーにはうってつけ。木格子で囲ったほどよいプライベート空間だ。

POINT 3
ヒノキの
香りが漂う
リラックス空間

浴室に関しては、強い思い入れがあったご主人が担当。そこでくつろぎを重視し、木の香りがリラックスさせてくれるヒノキ張りに。浴槽に浸かりながらバスコートを眺めるのも気持ちいい。

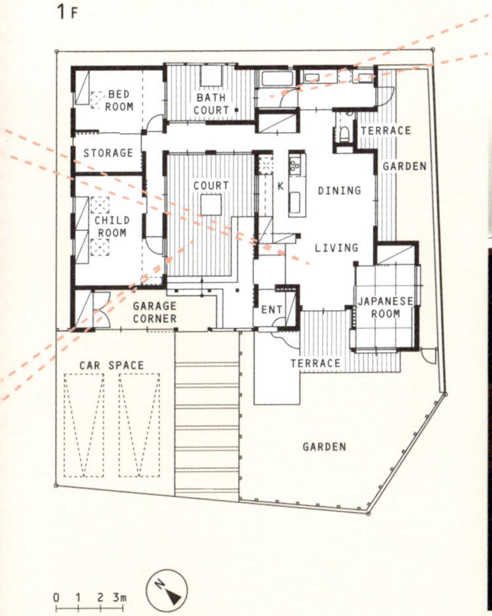

建築家から ひと言

それぞれのシーンに庭を配した平屋建ての住まいです。2階建てで考えていた施主に、敷地の広さ、ロケーションから平屋建てを提案しました。中庭を中心に居室をぐるりと一周できるよう配置し、どこからでも視線が届き、広さを感じながら一体空間として感じられます。風と光と外の喧噪が内部に伝わり、さらに中庭から室内へと空間のつながりに余裕をつくり上げています。

村山隆司
Ryuji Murayama
村山隆司アトリエ

1952年京都府生まれ。工学院大学建築学科卒、同大学大学院工学研究科修了。中山繁信設計室を経て、1996年に村山隆司アトリエを設立。工学院大学建築学科非常勤講師。趣味はチェス、テニス、水泳、民謡。

No 15

DATA Wさんの家

家族構成	夫婦＋子供2人
敷地面積	325.37㎡
延床面積	110.01㎡
構　　造	木造
設計期間	2005年9月〜2006年9月
施工期間	2006年10月〜2007年2月
施工会社	(株)丸昇建設

n°16－n°20

PART 4
「デザイン」でワクワク

ちょっとした遊び心やスパイスの効いたデザインは
毎日の生活の中に、潤いと刺激と、そしてワクワク感を与えてくれるものです。

裏山の緑をバックに、四角くシンプルな建物が建つ。「土地の購入は裏山の景色が気に入って決めました」とご主人。

吹き抜け越しにLDKを見下ろす。裏山の緑はダイナミックな窓により生かされ、最大限に取り込まれているのがわかる。

白い空間に映える楽しい色使い

山側に向かって開いたモンドリアン風の窓、ルイス・バラガンをイメージするピンクの壁面、クリーム色のモルタルの床……。シンプルな中にも、個性的なあしらいが随所に見られるＦさんのお宅。

日常の生活空間内にカラーを使用することを思い切って決めたＦさんですが、「アクセントとなるこのピンクの壁は、憧れていたバラガンの手がけた住宅を見るにつけ、いいなと思っていたものです。しかし、いざ色を選び出すといまいちイメージがわかず『やっちゃった』となることの恐れもありましたね」と、ご主人は当時の様子を振り返ります。

悩んでいるＦさんの背中を押してくれたのが、建築家の彦根さんでした。『彦根さんがそういうのなら』と思い切って決断した結果、大正解。渡り廊下に使用したピンク色が生活の中でさりげなく目に入り、つねに家族を楽しい気持ちにさせてくれます。

撮影／彦根　明

シンプルな建物の中に、アクセントとなるデザインをプラスした、山を望む家

建物はシンプルな四角い箱。
しかし、室内に一歩足を踏み入れると、
そのイキイキとした空間デザインに目をうばわれるF邸です。

Fさんの家　神奈川県
設計／彦根 明

nº16

個性的なデザインの窓やピンクの渡り廊下等、様々な要素をミックスさせながらもまとまりを見せるLDK。

クリーム色のモルタルの床、ピンクの渡り廊下が外の緑と溶け込んで、美しい配色を見せる。

◀ 1階の階段裏の書斎。大きなカウンターテーブルと平行して設けた壁一面の書架はとても使いやすそう。ここには北側のやわらかい光が注ぎ込む。 ▼ リビングは天井高を低く抑え、落ち着いた雰囲気に。同空間にメリハリをつくり出している。

はじまりは「山の景色」

「コンパクトな家ながらも、大胆なスケール感がこの家の魅力でもあるんです」と語るのはこの家を設計した彦根さん。それをいい表しているのが、ひとつにリビングに設けた吹き抜けいっぱいの大きな窓です。
「敷地そばにある裏山が気に入ってこの土地を購入しました。“南側にある差し迫った山の景色をリビング取り入れたい”、これが私たちの第一の要望だったのです」（ご主人）。
　さらに、窓も単に大きくし、上部をフィックス窓にするだけではものたりないと思ったＦさん夫妻は、モンドリアン風にデザインすることを提案しました。これにより、山の景色もひと味違った見え方をします。
「思い描いたとおりの“山を背負って立つ家”が実現しました」（ご主人）。
　またこの景色は、渡り廊下からも、浴室からも眺められるのが大きな魅力。
　どこを、どの角度から切り取っても楽しさに満ちあふれているＦ邸です。

▲細長い洗面室から浴室側を見る。浴室には外部テラスが付いているため、ゆったりと時間をかけて入浴を楽しめる。洗面から浴室の天井はスギ板を張って、温もりを感じる空間に。外光も注ぎ心地よい。

POINT 1
山を眺めながら入浴すれば最高のリラックス

山をダイナミックに取り込むために設けた、吹き抜けを貫く大きな窓。そこに遊び心をちょっとプラスし、モンドリアン風にサッシを割った。窓が額縁の役割を果たしアートのようにも見える。

POINT 2
こだわりのモンドリアン風のサッシ

POINT 3
東西をつなぐ ピンク色の 渡り廊下

メキシコの建築家、ルイス・バラガンの設計した住宅に憧れを抱いていたご主人。LDKの吹き抜けに浮かぶピンクの渡り廊下は、バラガンの使う色彩を参考にした。空中を飛ぶように、2階の東西をつなぐ渡り廊下は設置された。

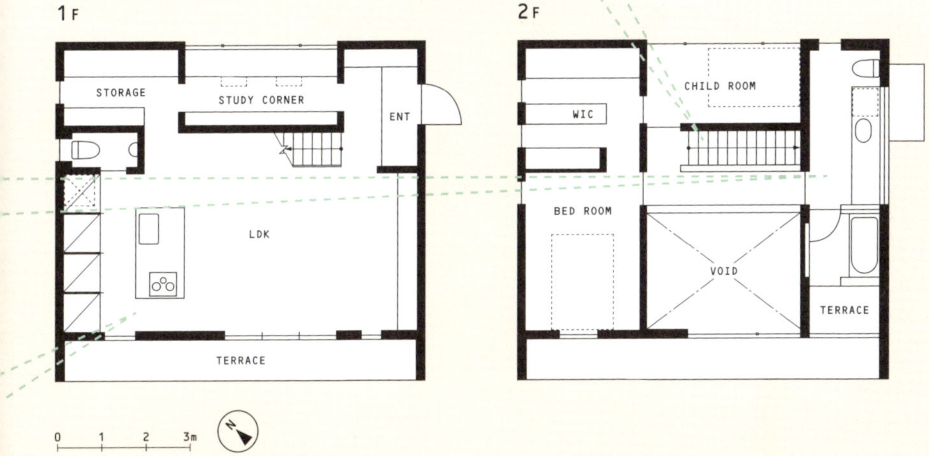

建築家から ひと言

敷地は南側に山が迫っていますが、これをリビングから見える風景にしたいというご要望により、吹き抜けの大きな窓いっぱいに緑が広がるよう設計しました。そのサッシの割り方は、Fさん希望のモンドリアン風になっています。F邸は、コンパクトな家でありながら、随所に大胆なスケールを感じるコントラストが特徴的な住まいになっています。

彦根 明
Akira Hikone
彦根建築設計事務所

1962年埼玉県生まれ。東京藝術大学建築科卒。同大学大学院建築科卒。磯崎新アトリエを経て、1990年に彦根建築設計事務所を設立。東海大学非常勤講師。趣味は音楽、旅行、バイク、読書、スキー、バスケット、ドラム。

n°16

DATA Fさんの家

家族構成	夫婦＋子供1人
敷地面積	285.17㎡
延床面積	94.40㎡
構　造	木造
設計期間	2009年9月〜2010年5月
施工期間	2010年6月〜12月
施工会社	東海建設(株)

内外の斜めの壁が生み出す光と影が美しい多面体の家

Hさんの家　愛知県
設計／津田 茂

n° 17

発泡スチロールの塊をカッターで削って
外観フォルムを決めていったH邸。
斜めの壁が生み出す光と影は、日々の生活の中で
様々な表情を見せてくれます。

撮影／絹巻 豊　※津田 茂

▶ 斜めの壁がインパクトを与える北側ファサード。シンプルな外観だからこそ、光と影が引き立つ。 ▼ 2階のLDKは、床に高低差をつくったことで暮らしに変化がもたらされる。普段はそのつど居場所を変えて、音楽や映像を楽しんでいるそう。

※

彫刻のような外観フォルム

　家づくりへの要望を整理していくうち、建物のフォルムにこだわりがあることに気づいたという建主のHさん。

「『私らしい何か特別な表現をしていただきたい』、そんなわがままな要望を津田さんは快諾してくれました」。

　そこで建築家の津田さんは、発泡スチロールの塊をカッターで削りながら徐々に形を決めていき、そのでき上がった形に内部空間をはめ込んで、次に開口部の位置等、立面を整えていったのだといいます。

「スケッチを中心にプランニングをしていく普段の手法から離れ、ボリュームを先行させたやり方を試みました。結果、でき上がったのが多面体の住宅です。元彫刻家のオーナーの思いにも応えられたのではないかと思います」（津田さん）。

　斜めの壁が生み出す光と影は、時間とともにダイナミックに変化し、いつ見ても飽きないのだとHさんはいいます。

▲２階LDK。南側のテラス方向を見る。「中庭は実現しませんでしたが、屋内の採光に関しては絶妙に入るよう設計されているので大満足です」とHさん。 ◀外部形態がそのまま現れた室内。居室で唯一斜めの壁をもつのが寝室だ。正面の小さな窓は、近くの公園を眺められる位置に設けられた。

光を取り込むことで得た快適生活

築35年のH邸が建て替えに至ったのは、周囲の建物が建て替わる中で光が入らなくなったのが大きなきっかけですが、一緒に暮らすご両親にも快適な空間で過ごしてほしいとの強い思いがありました。

実際、敷地は3方が建物に囲まれ、東南と南にわずかに隣家との隙間がある程度。室内に外光をいかに取り込むかが、設計の優先すべき課題となりました。

さいわい、南側は隣家の玄関に面しているため、大開口の窓を隣家に対して斜めに設置。これにより光を取り込みながらも、日中はガラスの映り込みで内部が見えにくくなっています。

また、2階東南側のバルコニーから、吹き抜けを介して1階の両親のLDKにも光が届くよう工夫しています。このように、北側の小さな窓も建物を切り取ることで生まれた隙間さえも、すべてがこの家の心地よさにつながっているのです。

1階の両親のLDK。吹き抜けを一部設けて開放感を得ながらも、和室を隣接させて落ち着きももたらす。2階のバルコニーから入る光と風は、吹き抜けを通って階下に流れるようになっている。

POINT 1
灯がともると
まるでバーのような
雰囲気に

▲直方体にカッターで切り込んだような潔い外観フォルム。日中は日の当たり具合でダイナミックな陰影ができ、いつ見ても新鮮だとか。「夜は、ライトアップすると隠れ家的なバーのようになり、それもまたいい雰囲気なんです」とHさん。

POINT 2
飽きない
不定形な
内部空間

▲落ち着いた雰囲気が求められる空間には、できる限り垂直ラインでの空間構成を意識したが、そのほかでは斜めの壁や天井で遊び心をプラス。その変化が暮らしを飽きさせないものに。▶２階トイレは外壁の斜めの壁をそのまま活用した。

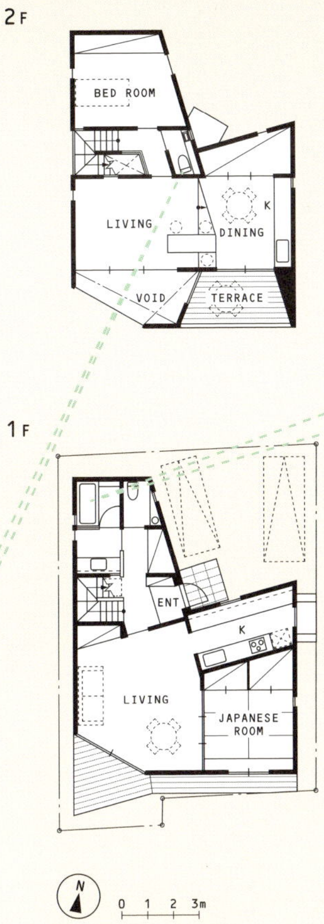

POINT 3
お気に入りのシャワーでリフレッシュ

「大きなオーバーベッドシャワーにはこだわりました。おかげで毎日のシャワータイムが楽しみです」とHさん。非日常的な雰囲気をつくり出し、リフレッシュさせてくれるお気に入りの浴室に。

※

建築家からひと言

多面体の構造と室内空間ができる限り一体的な表現となるように意識した結果、外部形態がそのまま室内に表れました。しかし、住宅であるという本質から外れないよう、落ち着いた雰囲気が求められる空間には、垂直ラインをできるだけ用いました。複数方向のラインによる室内空間が建物内外を通して、人の五感を揺さぶる、不思議な感覚の住宅となっています。

n°17

津田 茂
Shigeru Tsuda

T-Square Design Associates

1970年東京都生まれ。TASIS England卒。East Carolina Univ卒。出江建築事務所、北村陸夫＋ズーム計画工房を経て、2002年にT-Square Design Associatesを設立。大阪樟蔭女子大学非常勤講師。趣味は天気のよい日のドライブ、折りたたみ自転車集め、鍋磨き。

DATA Hさんの家

家族構成	両親＋息子
敷地面積	133.75㎡
延床面積	123.09㎡
構　　造	木造
設計期間	2009年1月～12月
施工期間	2010年1月～8月
施工会社	(株)友八工務店

空中に浮いたような
デッキテラスから
公園の緑を眺める楽しみ

「微妙な意匠が上手く融合した家になったと思います」とは
この家に暮らすAさん夫妻。
浮き上がったようなデザインのテラスもさることながら、
シンプルな内装は創造力をかき立ててくれます。

Aさんの家　東京都
設計／二宮 博・菱谷和子

nº18

柱のない駐車場上の張り出したテラスと屋根が印象的な外観。夜は、ガルバリウム鋼板で覆ったシャープな建物から漏れる明かりが美しい。

撮影／中川敦玲

LDKと浴室を隣接させ、ポリカーボネートの大型引き戸でゆるく仕切る。シャワーと足付きのバスタブのみ設置したシンプルな浴室は、インテリアのように空間に溶け込んでいる。

将来的に造作も可能な家

都市部にありながら敷地の3面が開けており、北に面する道路の向こうには小さな公園もあるという理想的な土地を見つけたAさん夫妻。「環境にこだわり、そして予算を明確に決めた中で見つけ出した土地に大変満足しています。そのための土地が見つかるまで10年かかりましたが」とご主人。

敷地は20坪と狭小ですが、容積率が高かったため、親子3人が暮らすには十分な床面積を確保することができました。

「地表1.6mほど地盤がゆるかったため、表土をプールのような形状のコンクリート基礎に置き換えることで地盤改良に代えて、プールの底を半地下として活用することにしました」と建築家の二宮さん、菱谷さん。

構造は個室の用途を限定しない、大きな箱を3つ重ねたようなシンプルな形。

「自分たちでつくり込み、将来的にどう使うか考えるのも楽しいものです。発展性のある家ですね」とご主人は話します。

1階のフリールームから玄関、駐車場方向を見る。フリールームは家族の共有空間で、玄関ホールでもあり、ピアノ室でもあり、客間でもある。内装は構造用合板をそのまま現した。

子供室からフリールームを見る。子供室の下は地下の主寝室となっており、その居室の天井高を得るためにも、フリールームよりも数段床レベルを上げている。

フリールームの下は地下スペース。プールのような形状のコンクリート基礎を地盤改良に代えて設け、プールの底を半地下として活用することで、生活スペースも確保され一石二鳥に。

2階はLDKのワンルーム空間で、階段そばにキッチンを配置。南側からの明るい光が降り注ぐ。キッチン奥の扉は、洗面・脱衣室へと続き、家事もスムーズにこなすことができる。

左手にある浴室は引き戸を開ければLDKと一体化し、さらに広さを感じることができる。天井材を張らずに、ツーバイ材（SPF）を２本組みに加工した梁をそのまま現しに。

テラスから公園の借景を眺める

約20坪の敷地ではあるものの、Aさん夫妻は「内部が多少狭くなったとしても外部テラスをつくりたい」との思いを強くもっていました。いくつかの要望の中でもとくに優先したかったのが、公園に面したその借景を生活の中に取り入れることだったのです。そこで2階LDKにつなげて、7畳ほどのデッキテラスを設置することに。

その外観は個性的で、テラス下は柱のない駐車場としているため、まるでテラスが空中に浮いているようにも見えます。

「意匠に懲りすぎるとすぐに飽きがくるものですが、あまり淡白でもつまらないものです。微妙な意匠が上手く融合した家になったと感銘しています」。また、「四季の移ろいが手に取るようにわかり、日々感慨深いものがありますね」とご夫妻はその仕上りに大満足の様子。あえて求めた広いテラスが空間に奥行きを与え、精神的なゆとりも生み出しています。

Wakuwaku Point

POINT 1
公園に
面する
大きなテラス

◀▲ 北側は家がなく、公園を眺められることが敷地の最大の利点。7畳ほどの空中に浮いたテラスでは、戸外での食事を楽しみながら、桜、新緑、紅葉などの公園の木々の変化を感じることができる。

1F

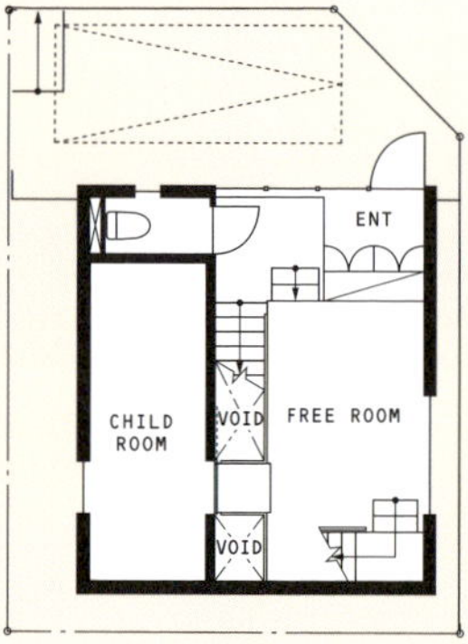

地階

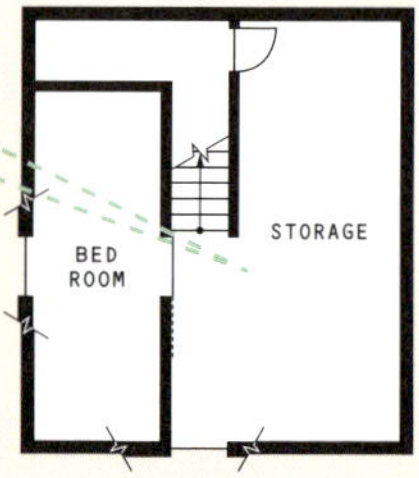

POINT 2
半地下には
隠れ家の
ような書斎を

半地下には12畳ほどの収納空間を設けた。写真手前はご主人の書斎スペースとして活用。器用なご主人は本棚などもDIYでつくるそう。ライフスタイルの変化により、空間は様々な用途に変更できる。

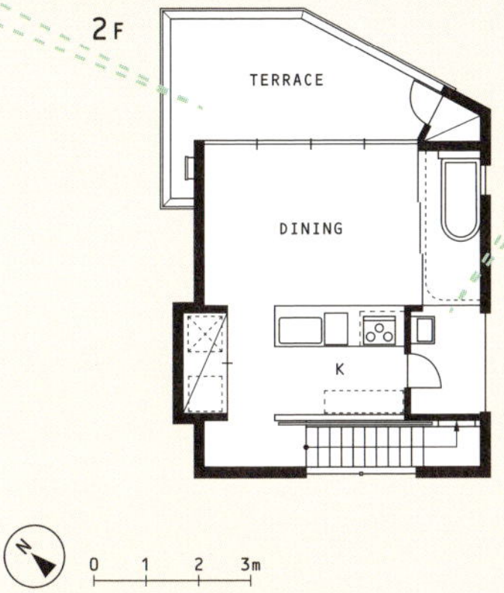

POINT 3
外の風も
感じられる
2階の浴室

◀▲公園の緑を眺めながら湯船に浸かるしあわせなひと時。そして、滝のように水が落ちる大きなシャワーヘッドは譲れなかった要望のひとつ。「毎日の入浴が楽しくてなりませんね」とAさん夫妻。

建築家から ひと言

強固な地盤として生まれた半地下の収蔵庫空間は12畳分の広さがあり、小さな家を広々住みこなすための屋台骨となっています。よって、3層の連続的な空間構成は用途の固定された個室の集まりではなく、目的の限定されない多様な生活の場となります。Aさん要望の「公園に面したテラス」は、駐車場の上空に張り出させ、三脚を逆さにしたような木の方杖によって支えられています。

二宮 博・菱谷和子
Hirosi Ninomiya & Kazuko Hishiya
ステューディオ2 アーキテクツ

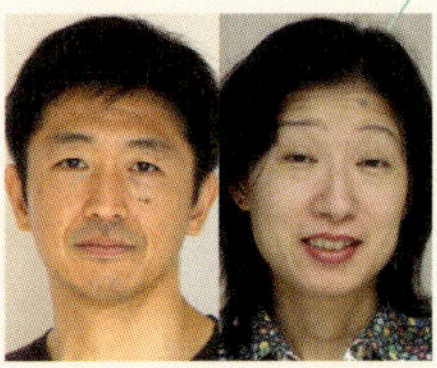

二宮博／1963年神奈川県生まれ。早稲田大学大学院、AAスクール大学院修了。シャーデル・キプニス建築・都市計画(ロンドン)、磯崎新アトリエを経て、2000年よりステューディオ2アーキテクツ共宰。
菱谷和子／1963年、福岡県出身。横浜国立大学工学部建築学科卒。1994年にステューディオ2アーキテクツ設立。2000年より共宰。

n°18

DATA Aさんの家

家族構成	夫婦＋子供1人
敷地面積	65.32㎡
延床面積	110.74㎡
構　　造	木造
設計期間	2005年3月～9月
施工期間	2005年10月～2006年3月
施工会社	(株)前川建設

住まう人、道ゆく人に
癒しとやすらぎを与えてくれる
淡い桜色の建物

「淡いピンクの衣装をまとった建築」──。
建築家の椎名さんがこう表現する
賃貸住宅を併用したYさんのお宅は、
住人はもとより、道行く人の心も和ませてくれます。

Yさんの家　東京都
設計／椎名英三

n°19

建物は周囲の景観になじむ低層の2階に。道路側に植えたしだれ桜が花をつける季節は、その光景に見入ってしまうほど。近所の人たちからは「ピンク色」の建物として認知されている。（撮影／新建築社）

▲ミニマムな２人の子供スペースが右手に。下部収納とその上部にベッドを納めたロフト、奥に勉強机がある。これら全体をジャイアントファニチャーとして見立てたことで、LDKに拡がりが生まれた。（撮影／椎名英三）▼賃貸住戸が並ぶ様子。壁を切り抜いたようなシンプルなデザインのエントランスを植栽が彩る。（撮影／新建築社）

セミパブリックからはじまる空間デザイン

道行く人もふと目をとめる、桜の花のようなやさしいピンク色の建物――。「RCCN」（レジデンシャルコクーン）と名付けられたこの建物は、Ｙさん家族の住居と賃貸スペースを併用した集合住宅です。

「RCCNのアプローチはあまりにも小さなセミパブリックですが、常緑樹と落葉樹を交えて緑のトンネルをつくり、四季折々の風情を楽しめるようにしています。そして冬枯れていた木々が春に芽吹く歓びを、住人だけでなくこの建築の前を通る人々みんなが享受できるように考えました」。

こう話すのはこの建物を設計した建築家の椎名さんですが、セミパブリックの空間デザインを重視する椎名さんの強い思いが表れた言葉といえるでしょう。

ここに暮らす人はとくに、桜色の外壁を見るたび、緑のトンネルを抜けるたび、そのデザインに心やすらぎ、癒されるのではないでしょうか。

Ｙさん住戸の２階LDK。写真中央のドアの奥がキッチンとなっている。壁面に造り付け収納を設けて家具を最小限にするなど、空間を広く使う工夫がなされている。(撮影／椎名英三)

▲▶ 賃貸住戸はメゾネット式になっている。上の写真が1階、右の写真が2階。内装も構造そのままのコンクリート打ち放しとしている。「2階の高い天井やミニマムなデザインがとくにクリエイティブ系の方から好評です」とご主人。床は20mm厚の無垢のパインフローリングとして、2階は床暖房を設置。(撮影/椎名英三)

天井高3mののびやかなLDK

「地震に強い建物であることも望みだったので、構造はRC造でお願いしました」とYさん夫妻。耐震性だけでなく、耐久性にも優れるRC造は、賃貸住宅の経営においてメンテナンス面でも利点があります。

さて、Yさん家族の住戸ですが、道路からいちばん奥の東側に配されました。プランはなんといっても2階のLDKが特徴的。3mの天井高によりのびやかで、同フロアの子供室は、机とロフトのベッドのみとするとともに、収納をジャイアントファーニチャーとしてデザインすることでLDKに拡がりをもたらしています。

一方、賃貸住戸はメゾネット式で40㎡の広さを確保。南側の浴室等の水まわりは椎名さんいわく“屋内のウォーターガーデン”と見立て、空間が一体となるフルオープンにも、間仕切り建具で仕切ることもできます。「賃貸部分に一度住んでみたい」とご主人が語るほど魅力的な空間です。

POINT 1
桜色の壁と緑のトンネルがお出迎え

外壁は、リシンに紅殻を調合して美しい桜色の左官壁材をつくり出し、櫛引仕上げとした。エントランス部分はもみじ等で緑のトンネルをつくり、住人をやさしく送り出し、そして出迎える。(撮影／椎名英三)

1F

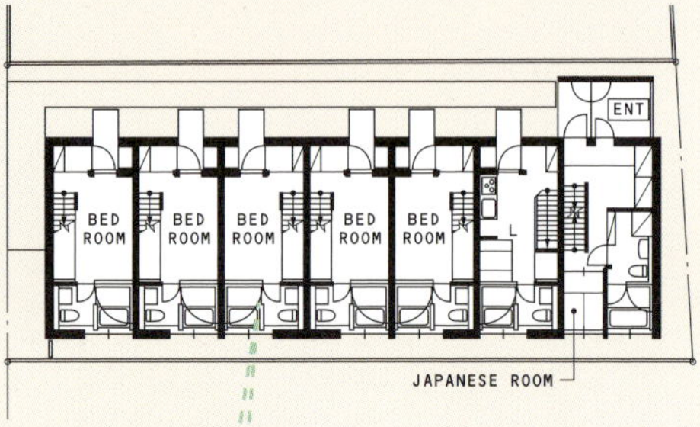

地階

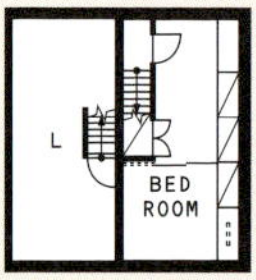

POINT 2
空間と一体になるオープンな浴室

▼浴室は間仕切ることもできるが、居室と一体になるオープンなつくり。限られた空間でも拡がりを感じることができる。加えて、オープンにしたことで窓の外の緑を眺めることが可能になった。(撮影／椎名英三)

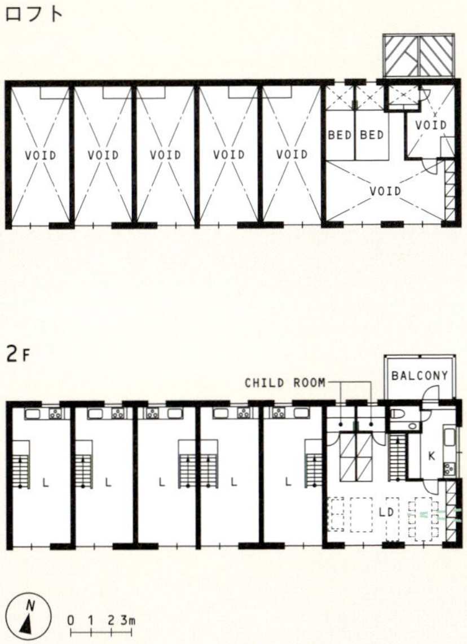

POINT 3
天井高3mと天窓の光で心地よいLDK

1階の天井高を2.1mに抑えることで、2階の天井高を3m確保した。「階段上部の天窓から光が入り、LDKはとても明るく居心地がいいんですよ。また、RC外断熱にしてよかったですね。とても快適です」(ご主人)(撮影／椎名英三)

建築家から ひと言

セミパブリックな空間デザインが、戸建て住宅の場合以上に集合住宅の設計では大切なことではないかと考えます。集合住宅はそのボリュームが大きく、存在感として周辺環境に大いなる影響を及ぼさざるを得ません。ですから建築の存在がパブリックに威圧感を与えないように配慮する必要もあります。そしてそれがパブリックによき影響を及ぼせたとしたらすばらしいことと思います。

椎名英三
Eizo Shiina

椎名英三建築設計事務所

1945年東京都生まれ。日大理工建築学科卒。宮脇檀建築研究室を経て、1976年椎名英三建築設計事務所設立。日大、都立大、日本女子大、昭和女子大等講師を歴任。JIA表彰委員会委員。2011年日本建築学会賞・2010年JIA25年賞・2008年住宅建築賞金賞、2000年JIA新人賞。趣味は旅行、ドライブ、読書、犬との生活、音楽、映画、花火、F1。

DATA Yさんの家 n°19

家族構成	夫婦＋子供2人
敷地面積	258.31㎡
延床面積	344.46㎡
構　　造	鉄筋コンクリート造
設計期間	2001年8月～2002年5月
施工期間	2002年9月～2003年4月
施工会社	(株)宍戸工務店
構造設計	(株)梅沢建築構造研究所

パリのアパートのように 扉奥に中庭が広がる 白いレンガの瀟洒な住まい

木々の緑、空の青など、自然の色を
敏感に感じとらせてくれる白いレンガ張りの建物。
「自然や四季を感じるのは精神衛生上とても大切」と、
Wさん家族は中庭のある生活を存分に楽しんでいます。

Wさんの家(西荻窪の岩)　東京都
設計／西田 司

nº20

松の木を残し、建物と融合させる

「レンガの白、芝生の緑、青い空を見ていると、東京にいることを忘れさせてくれます」と話すのはこの家に暮らすWさん夫妻です。珍しくもある白いレンガ張りの家は、設計途中の段階で建築家の西田さんから提案されたものでした。「それまでは確か木で計画は進んでいたと思います。『白いレンガの家！』と、思いもよらない提案にとてもうれしくなりました」（ご主人）。

また、そのファサードのアクセントとなっているのが、以前よりこの敷地にあった松の木です。この木を残すか残さないかは西田さんに委ねられましたが、西田さんは土地に根付いた松の木を地域の記憶として残すことに決めました。高さを抑えた平屋の建物と松は、どちらも互いを引き立てる絶妙なデザインとなっています。

「後日、近所の方に『松を残してくれてありがとう』と声をかけられました。残してよかったと心から思いましたね」（ご主人）

撮影／鳥村鋼一

◀ 土地を購入した際に、ポツンと残っていた松の木を建物に自然に溶け込むようデザインした。W邸のシンボルツリーでもある。▼ 北側のLDKの天井高は3.8mあり、その高さを生かして上部に坪庭を設けた。また居室との間に扉は設けておらずオープンに。ちなみに暖房は、デロンギの壁付け輻射熱温水ヒーターを採用した。「見た目のスッキリ感も気に入っています」とご主人。

どの居室も中庭に向かって開いているためカーテンを不要とし、のびのび暮らす。「平屋ですから子供の声もよく通りますし、気配も感じられて安心です」とご夫妻。

中庭を居室がぐるりと囲う

プランは大きな中庭を中央に置き、それを取り囲むように、玄関・ライブラリー—LDK—浴室—テラス—子供室—主寝室を配し、ぐるりと回遊できる動線となっているのが特徴です。北側のLDKがある棟は、天井高を3.8mとたっぷりとり、収納やトイレ上部に設けた坪庭から光や風を取り込むと同時に、空を望むこともできます。

広い中庭で幼い娘さんが裸足になってはしゃぐ姿を見ていると、しあわせを感じるのだとWさん夫妻。

「西田さんには一時期暮らしていたパリのアパートの話もしたのですが、でき上がった建物を見て、それを覚えていて下さったのかなと思いました」。

パリのアパートの多くは重厚な扉を開けると心地よい中庭が広がり、そこで住人は豊かな生活を送っています。

W邸もそれと重なるような、自然が感じられる味わい深い住宅となりました。

コーナーから90度の方向で開く木製サッシで、室内外をあいまいにつなげる。木製サッシのパイン材の枠には薄く白塗装をかけて、壁や外壁と溶け込ませるデザインに。

POINT 1
趣のある
白いレンガを
外壁に使用

空の青とレンガの白とのコントラストが美しい。レンガは焼成前に白モルタルを塗り込み、そして貼り付けた後に白の目地材を拭き取らず全体に薄くのばした。汚れも目立たずメンテナンスもラクとのこと。

「中庭のエゴの木を眺めたり、月明かりを浴びたりして過ごす時間を大切にしています」とご夫妻。また床にはこだわり、外国のインテリア誌で見た学校の教室のような床を再現。

1F

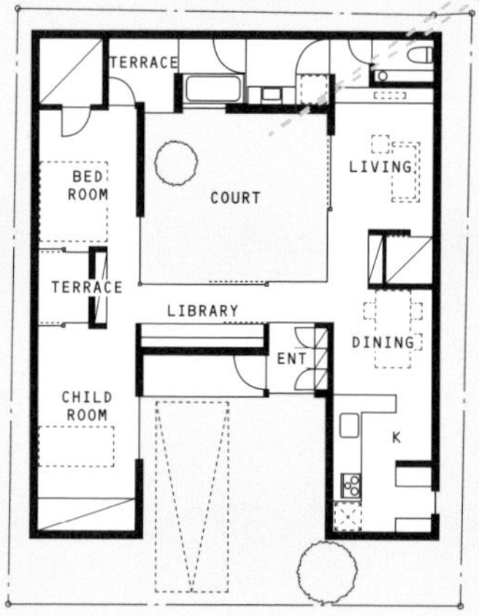

2F

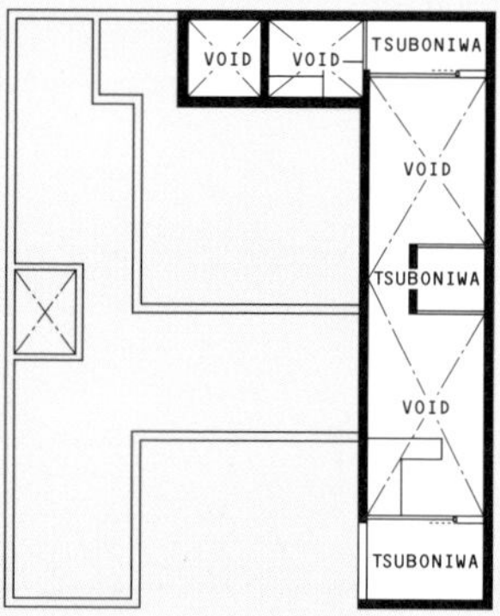

POINT 2
中庭により
自然をつねに
感じて暮らす

POINT 3
ここもこだわり。
学校の教室の
ような床に！

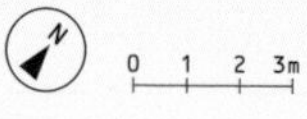

建築家から ひと言

周辺環境に配慮し平屋建てとし、また中庭との連続感や天井高の違いで諸室を配置。ワンルームながらお互いの距離もつくれるように計画しました。芝生の中庭を中心に回遊するプランになっており、どこにいても明るく、カーテンを不要とする生活を実現しています。外観はレンガの外壁と低く押さえた平屋の高さが、既存の松とうまく融合し、昔からの地域の記憶を残しています。

西田 司
Osamu Nishida
On Design Partners

1976年神奈川県生まれ。横浜国立大学工学部建築学科卒。1999年にSPEED STUDIOを設立、共同主宰。2004年にOn Design Partnersを設立。東北大学非常勤講師。趣味は、居心地のよい場所で時間を気にせずお茶をすること。

DATA Wさんの家　n°20

家族構成	夫婦＋子供1人
敷地面積	179.27㎡
延床面積	94.93㎡
構　　造	木造
設計期間	2007年11月～2008年10月
施工期間	2008年11月～2009年4月
担　　当	中川エリカ
施工会社	武田建設

ワクワク住宅を最高の建築家とつくる方法

建築家との家づくりの第一歩は、その建築家（パートナー）選びからはじまります。家族の理想が詰まった家を実現するためにも、ここで失敗するわけにはいきません。とはいっても「建築家で建てたいけど、誰に頼んだらいいかわからない」「依頼したい人がいるけどどんな人かな？」「建築家はコンタクトがとりにくい……」など不安も尽きません。そんな方におすすめなのが、建築家紹介会社「ザ・ハウス」です。各々仕事内容、コスト、人柄を把握している「ザ・ハウス」だからこそ、あなたにぴったりな建築家が必ず見つかるはずです。

ザ・ハウスってどんなところ？ Q&A

Q1 どのような建築家が登録されているのですか？

A 第一線で活躍する建築家を厳選して登録しています

住宅設計に実績があり、第一線で活躍している首都圏50名、関西圏30名、計80名の建築家を登録しています。建築家は技能が優れているだけではなく、建主が家づくりのパートナーとして信頼できる人物であるかどうかも重視します。また、登録人数に上限を設けているため、一度登録しても、1年ごとの審査にパスしなければ登録は更新しません。ザ・ハウスではこれらを満たす建築家のみをお客様に紹介できるように心がけています。

Q2 利用料はかかりますか？

A 建築家から手数料をいただいて運営しています

ずばり、無料で建築家を紹介しています。それは、建築家がお客様と契約にいたった場合に、手数料として建築家から設計料の12%をいただいているからです。建築家が本来自身で行う営業活動をザ・ハウスが代行する対価として受け取っているので、こうしたシステムが成り立っています。また、設計料にこの手数料を上乗せすることは登録契約で禁じられており、ザ・ハウスを通してもお客様が建築家に支払う設計料は変わりありません。

Q3 コンペで建築家を選ぶことはできますか？

A 個人専用住宅のコンペは行っておりません

ザ・ハウスは、個人住宅においては価値観を共有できる建築家と共に時間をかけてプランを練り上げることが成功する家づくりの基本と考えています。コンペのプランからわかることは大まかな作風だけですので、のちに相性の不一致からギャップが生じてしまうおそれもあります。よって、コンペは行わず、実績、作風、人物の3点において最適な建築家選びを実現できるよう、ザ・ハウスは精密なマッチングサービスに徹しています。

Q4 建築家を紹介していただいた後は何かサポートはあるのですか？

A 安心して家づくりに取り組める3つのサポートサービスを用意

ザ・ハウスでは、3つの無料サポートサービスを用意しています。ひとつは、ご紹介後に建築家とのコミュニケーションギャップが生じた際に可能な限りの助言や調整や仲裁を行う「マッチングアフターサービス」です。この他にも、やむをえない事情でキャンセルをする場合、キャンセル料の半額を補償する「キャンセル補償」、そして、無料で工務店の簡易信用調査を行う「工務店信用調査サービス」があります。

利用者の声

建築家選びの不安が解消

家づくり、特に建築家選びは期待よりも不安のほうが勝ります。その不安もコーディネータさんから、建築家の人柄や実際の働きっぷりを知ることで解消できました。本来ならとまどいながら選ぶことになる建築家選びの背中をおしてくれたように思います。　千葉　Tさん

現実的で的確なアドバイス

当初、依頼したかった建築家は考え方や作風も自分にぴったりだったのですが、コーディネータさんの「コスト面で難しいのでは？」との的確な助言で目が覚め、より自分の家づくりにあった建築家を見つけることができました。やっぱり予算は重要ですからね。　埼玉　Oさん

こんなサービスがほしかった

建築家と会うのは敷居が高く、気が引けていたので大変助かりました。登録建築家は有名な人が多く、安心して選ぶことができました。ネット→事務所訪問→お見合いという流れは非常によくできていて、じっくりと建築家を絞り込んでいくことができますよ。　東京　Kさん

建築家選びの道のり

ザ・ハウスの建築家マッチングサービス（建築家ご紹介サービス）は、以下の手順で進みます。建築家を1人に絞り込むことができたら、いよいよ家づくりがはじまります。

STEP 1 インターネットからスタート

インターネットでザ・ハウス@建築家のホームページにアクセスして「建築家ナビ」をためしてみましょう。「建築家ナビ」に予定地域や敷地・建物の用途・規模、予算、イメージを選んでいくと、登録建築家の実績データベースと照合して、希望の条件に合致した上位10名の建築家のリストがメールで送られてきます。

STEP 2 ショップを訪ねてみよう

次に自由が丘（東京都目黒区）と大阪本町にあるザ・ハウスのショップを訪ねてみましょう。ショップにはマッチングのプロフェッショナルであるマッチングコーディネータがいます。そのコーディネータに住宅のイメージや希望を伝えると、イメージにぴったりの建築家を紹介され、その作品集を閲覧することができます。

STEP 3 詳しい説明を受けましょう

実績・作風で絞り込まれた各建築家について、マッチングコーディネータが仕事の進め方や人柄などを詳細に説明します。自分たちにぴったりの建築家を選ぶためには、作風と同様に「相性」の見極めがとても大切です。じっくりと説明を聞いたうえで、疑問点があれば納得できるまで質問してください。これらのプロセスを経て、最終的に会ってみたい建築家を2～3名にまで絞り込んでいきます。

STEP 4 いよいよ建築家とご対面

再度、ショップを訪ねて建築家と面談します。確認しておかなければならない重要な事項はコーディネータが話をもちかけるので、ここでは建築家の趣味やプライベートなど、その人となりを判断できる会話を交わすことで、長い計画期間はもちろんのこと、建てた後まで信頼関係を保っていける人物かどうかを判断します。希望があれば建築家の事務所見学や、過去の実作を見学することも可能です。面談の結果をもとに十分に検討しましょう。

株式会社ザ・ハウス

自由が丘店
東京都目黒区自由が丘 2-17-6
ザ・フロント 2F
Tel 03-5731-6900
Fax 03-5731-6921

大阪本町店
大阪市中央区淡路町 2-5-8
船場ビルディング B1
Tel 06-6209-6670
Fax 06-6209-6675

ザ・ハウス@建築家
http://thehouse-a.jp/

ザ・ハウス@工務店
http://thehouse-b.jp/

ザ・ハウス@住宅知識
http://jutaku-chishiki.com/

自由が丘店

大阪本町店

あとがき

多くの人にとって、家づくりは初めてのことです。

これまでの経験から「今度はこんな家に住みたい」とは思っても、本当にそれがあなたにとって最適な家かどうかは分かりません。そこで、本書をとおして知っていただきたかったことは、あなたと二人三脚で「世界にたった一つの家」へと導いてくれる建築家という存在です。

とかく建築家というと、デザイン面での提案が優れているというイメージはありますが、本来の力はそれだけではありません。あなたの趣味趣向や、ライフスタイル、今の生活の中での悩みなどの話にじっくりと耳を傾け、生活動線の設計から、ひいては暮らし方の提案まで、あなた自身も気づいていなかった潜在的な要求を引き出して形にしてくれる……それが真の建築家なのです。

これはまさに、想像を超える創造と言えるのではないでしょうか。

そのワクワクするようなプロセスから生まれた、唯一無二の家で育まれる暮らしは、まさに毎日がワクワク。そんなワクワク感を広く伝えたいという思いから、この本は企画されました。

この本を手に取った方に少しでも建築家との家づくりの楽しさが伝わり、家づくりのご参考にされることを願っています。

最後に、今回の企画にあたってご多忙の折にも関わらず、快くご協力いただいた建て主と建築家の皆さまに、心より御礼申し上げます。

写真撮影

石井雅義		076～081	088～093
上田　宏	大扉	052～057	064～069
小川重雄			010～015
小川泰祐			082～087
絹巻　豊			100～105
椎名英三			113～118
新建築社			112～113
瀬野和広			080
平剛風アトリエ			034～039
津田　茂			100～105
冨田英次			070～075
冨田　治			046～049
鳥村鋼一		022～027	118～123
中川敦玲			106～111
ナカサアンドパートナーズ			016～021
西川公朗			028～033
彦根　明			094～099
彦根建築設計事務所			016～021
平井広行			040～045
平野和司			058～063
松村芳治	表1		004～009
遊空間設計室			050～051

STAFF

編集協力　渡部美央
デザイン　SURMOMETER INC.

ワクワク住まいのヒミツを
大解剖！

20人の建築家がつくる最高の住宅

発行日　2011年9月1日
編著　ザ・ハウス
発行者　澤井聖一
発行　株式会社エクスナレッジ
〒106-0032 東京都港区六本木7-2-26
http://www.xknowledge.co.jp/
問合せ先　編集 Fax 03-3403-1345
info@xknowledge.co.jp
販売 Tel 03-3403-1321
Fax 03-3403-1829